A Fondo

**Guía didáctica
Clave**

Curso Superior de Español para Extranjeros
Lengua y Civilización

Guía didáctica
Clave

María Luisa Coronado González
Javier García González
Alejandro R. Zarzalejos Alonso

SOCIEDAD GENERAL ESPAÑOLA DE LIBRERÍA, S. A.

Primera edición, 1994

Produce: SGEL - Educación
      Marqués de Valdeiglesias, 5, 1.° - 28004 MADRID

Cubierta: Erika Hernández
Maqueta e ilustraciones: L. Carrascón
Fotografías: Agencia EFE, Archivo SGEL

ISBN: 84-7143-507-1
Depósito Legal: M. 29.141-1994
Impreso en España - Printed in Spain

Fotocomposición: MonoComp, S. A.
Imprime: Nueva Imprenta, S. A.
Encuaderna: Novimar, S. L.

CONTENIDO

Introducción

A fondo es un curso avanzado de español como lengua extranjera. Consta de dieciocho unidades temáticas en las que se combina el trabajo lingüístico con información cultural sobre España y los demás países de habla hispana.

En cada unidad se trata de desarrollar la comprensión lectora y auditiva, la expresión oral y escrita, ampliar el vocabulario (con atención a los modismos y otras expresiones), así como de revisar y profundizar en los temas gramaticales que siguen planteando problemas en los niveles avanzados. Se incluyen también temas gramaticales, como los relacionados con la organización del texto, que no suelen aparecen en niveles anteriores.

Cómo usar A fondo

Cada unidad es independiente y, por tanto, el profesor tiene libertad para negociar con los estudiantes la estructura de trabajo, alterando el orden de las unidades o limitándose a las que les parezcan más apropiadas, de acuerdo con las necesidades e intereses del grupo. Sin embargo, hay que hacer dos advertencias: recomendamos empezar el curso por la primera unidad, puesto que en ella se tratan aspectos generales sobre el español y su presencia en el mundo y el tema del aprendizaje de lenguas; además, es conveniente trabajar con las unidades 14 y 15 consecutivamente, debido a que en ambas se hace un estudio complementario de los nexos que se usan para organizar el discurso.

Debemos señalar que es imprescindible preparar las clases con anterioridad consultando el libro del profesor, ya que a veces las actividades del libro del alumno exigen una preparación o adaptación previa (véase Libro del Alumno, Unidad 7, **A tu aire**, actividad 1).

Las secciones de cada unidad

En cada una de las unidades hay siete secciones que se pueden trabajar independientemente, pero, por su carácter motivador, es conveniente comenzar siempre con la sección **I. ¿Tú qué crees?** Como dijimos respecto de las unidades, se puede alterar el orden de las secciones o utilizar exclusivamente algunas (por ello, **A fondo** puede también usarse en cursos monográficos de conversación, lectura y escritura, comprensión auditiva, vocabulario, etcétera).

A continuación, describimos brevemente las características de cada sección.

I. ¿Tú qué crees?

Esta sección introductoria tiene varios objetivos: despertar el interés de los alumnos por el tema de la unidad; hacer que lo hagan personal, relacionándolo con sus propias vidas y opiniones; y por último, permitir que el profesor introduzca parte del vocabulario con el que se va a trabajar y active y evalúe los conocimientos que los alumnos ya tienen sobre el tema.

II. Con textos

Todos los textos de esta sección son artículos publicados en periódicos y revistas o fragmentos de obras literarias y de consulta. Los textos no han sido nunca simplificados ni resumidos, aunque a veces sí se han extractado por motivos de espacio.

Las actividades se presentan antes y después de cada texto, según sean para motivar y facilitar la lectura o para profundizar en la comprensión, ampliar vocabulario, e ir más allá del texto con otro tipo de actividades.

III. Palabra por palabra

En esta sección se trabaja con palabras relacionadas con el tema de la unidad para que el estudiante amplíe su conocimiento del vocabulario, incluyendo aspectos como el uso y significado de los sufijos y prefijos, el uso del diccionario y la acentuación.

IV. ¡Lo que hay que oír!

Los textos que se incluyen en esta sección también son reales; son canciones o se han obtenido de programas de radio y televisión. El modo de trabajo es semejante al utilizado con los textos escritos.

V. Materia prima

En esta sección se trabaja con las estructuras gramaticales oracionales y del discurso, añadiendo a las descripciones teóricas el fin práctico de todo lo que se estudia. Tanto en las descripciones como en las actividades, se han tenido en cuenta el nivel y registro de lengua. El enfoque, la presentación y las actividades son muy variados.

En algunas ocasiones se ha prescindido de las explicaciones teóricas por tratarse de temas que los estudiantes conocen bien, pero necesitan todavía practicar.

VI. Dimes y diretes

Esta sección se dedica a la profundización en el vocabulario específico de los modismos, frases hechas, jergas, etc.

VII. A tu aire

En esta sección se incluyen materiales y actividades de carácter muy diverso: pasatiempos, canciones, juegos, concursos, etc. En casi todas las unidades hay una actividad de escritura (excepto cuando ya las había en las secciones precedentes), y en muchas hay actividades de lectura y conversación.

Aunque algunas actividades (siempre de carácter lúdico) son controladas, la mayoría tiene como finalidad la práctica libre de la escritura, la lectura y la conversación.

El español de América

Hemos incluido temas, textos y grabaciones de hablantes americanos a lo largo de todo el libro. Sin embargo, hay que tener en cuenta que, dada la variedad y enorme complejidad del continente americano, sería imposible hacer un estudio exhaustivo de cada uno de los temas (tanto culturales como de vocabulario y gramática) que fuera práctico o riguroso. En cualquier caso, el profesor siempre puede ampliar las referencias culturales y adaptar las actividades a la norma con la que los alumnos vayan a tener más contacto.

LOS AUTORES

Actividad preparatoria 1

pág. 10

El propósito de esta actividad es que los estudiantes se fijen en que los títulos de las unidades son refranes españoles tradicionales y que están en relación con el contenido de cada una de ellas. No es, por tanto, necesario explicar ahora el significado y uso de todos los refranes. Esto puede hacerse antes de comenzar cada unidad, o al finalizarla.

Los refranes seleccionados son aún de uso común en el español actual, y es lo más normal decir solamente la primera mitad, que es la que da título a la unidad.

1. HABLANDO SE ENTIENDE LA GENTE:

En situaciones de conflicto, se usa para dar a entender que lo que se debe hacer es dialogar para solucionar el problema.

2. EN TODAS PARTES CUECEN HABAS:

En todas partes hay cosas buenas y cosas malas y, por tanto, nadie puede vanagloriarse de lo propio o criticar lo ajeno.

3. A QUIEN COME Y CANTA, ALGÚN SENTIDO LE FALTA:

Se dice porque en España se considera de mala educación cantar durante las comidas.

4. CON PAN Y VINO SE ANDA EL CAMINO:

Una tarea dura puede hacerse más agradable y puede conseguirse más fácilmente con algo que entretenga y nos la haga tomar con calma.

5. DONDE FUERES, HAZ LO QUE VIERES:

Cuando estés en un lugar o ambiente cuyas costumbres te son desconocidas, debes hacer lo que hacen los demás.

6. AGUA PASADA NO MUEVE MOLINO:

Lo que sucedió en el pasado no afecta al presente.

7. SOBRE GUSTOS NO HAY NADA ESCRITO:

Lo que le gusta a una persona no tiene por qué gustarle a los demás, y viceversa.

8. DE TAL PALO, TAL ASTILLA:

Los descendientes se parecen a sus ascendientes.

9. CADA OVEJA CON SU PAREJA:

Se dice cuando hay que juntar por parejas cosas o personas que son iguales o tienen algo en común.

10. EL MUERTO AL HOYO Y EL VIVO AL BOLLO:

Hay que disfrutar de la vida mientras se pueda y olvidarse de la muerte y de los muertos.

11. EN MARTES, NI TE CASES NI TE EMBARQUES:

Este refrán recoge una superstición popular que designa el martes como día de mala suerte (sobre todo el martes 13).

12. DE TODO HAY EN LA VIÑA DEL SEÑOR:

La diversidad de gente y, por tanto, de comportamientos, ideas, creencias, etc., es infinita, aunque a veces resulte sorprendente.

13. A LA CAMA NO TE IRÁS SIN SABER UNA COSA MÁS:

Todos los días se aprende algo nuevo. Se dice sobre todo cuando lo que te enseñan te parece novedoso.

14. A BUEN ENTENDEDOR, POCAS PALABRAS BASTAN:

Se utiliza cuando el que habla quiere dar a entender que se calla una información que es ya compartida por las personas que están en la conversación, porque resultaría violento decirla explícitamente.

15. TANTO TIENES, TANTO VALES:

Quien tiene más dinero tiene más importancia y consideración en la sociedad.

16. A DIOS ROGANDO Y CON EL MAZO DANDO:

Para conseguir lo que se quiere no basta con rogar y desearlo mucho, hay que trabajar para lograrlo.

17. NO HAY MAL QUE POR BIEN NO VENGA:

Incluso las desgracias pueden tener aspectos positivos o beneficiosos.

18. QUIEN MAL ANDA, MAL ACABA:

Quien hace cosas malas o sigue un camino equivocado, tiene un mal fin. Se dice muchas veces para prevenir a las personas que están en esa situación o para hablar sobre ellas.

Actividad preparatoria 2

pág. 11

Con esta actividad pretendemos explicar las posibilidades que ofrece este libro y acostumbrar a los estudiantes a consultar el índice y conocer a fondo su libro de texto. Como advertimos antes de la actividad, gran parte de la información a que se hace referencia la tendrán realmente cuando hayan trabajado con esa unidad en clase. Aun así, es importante que aprendan a localizar con rapidez todo lo que hay en el libro. Recomendamos que esta actividad se haga en pequeños grupos.

1.
- a. III. Palabra por palabra y VI. Dimes y diretes
- b. IV. ¡Lo que hay que oír!
- c. VII. A tu aire
- d. V. Materia prima

2.
a.	Unidad 3	f.	pág	178
b.	Unidad 2	g.	»	25
c.	Unidad 8	h.	»	254
d.	Unidad 10	i.	»	18
e.	Unidad 9	j.	»	88 y 93
f.	Unidad 16	k.	»	128
		l.	»	124

3.
a.	pág. 51 y 52	ll.	»	45
b.	» 64	m.	»	159
c.	» 22	n.	»	259
d.	» 131	ñ.	»	80
e.	» 162	o.	»	238

I.   ¿Tú qué crees?

pág. 12

A través de esta actividad, que sería la primera del curso si el profesor decide seguir el orden que hemos propuesto, pretendemos que los estudiantes reflexionen en voz alta sobre las lenguas, su importancia y «dificultad» o «facilidad», y el modo de aprenderlas. Este último aspecto nos parece muy importante y, por eso, además de esta actividad que se hace con toda la clase, proponemos al final del capítulo (**A tu aire**, 3) que cada estudiante escriba una carta al profesor hablándole de este tema.

II.   Con textos.

1.   Crecimiento y nueva dimensión.

pág. 13

A.   Esta actividad puede plantearse a modo de competición, viendo cuál es el grupo que más preguntas ha acertado. En principio, es mejor tal como se dice en el libro del alumno, que el profesor diga solamente el número de respuestas acertadas, y no cuáles son; de este modo tendrán un motivo para leer todo el texto.

A.   a. Aumentará, según todas las previsiones; **b.** Hace diez siglos, aproximadamente; **c.** En el siglo XVI; **d.** Durante los siglos XVI y XVII; **e.** Aumentar; **f.** En cuatro; **g.** Han aumentado ambos.

B.   El español: *el lenguaje popular del alto Ebro, el castellano, la lengua de Castilla, el habla vernácula de Castilla.*

América: *Atlántico de por medio, el Nuevo Mundo.*

C.   En primer lugar, aparecen las expresiones utilizadas por el autor, y después, entre paréntesis, otras expresiones posibles.

(1) *En cambio (sin embargo)*; (2) *En vez de*; (3) *A la vez que (a la par que, mientras)*; (4) *A pesar de*; (5) *Primero*; (6) *Mientras que*; (7) *A la par que (a la vez que, mientras)*; (8) *Al punto de*; (9) *Sin embargo*; (10) *Sobre todo (en particular)*; (11) *A la vez que (a la par que, mientras)*; (12) *Por lo que se ha visto (primero)*; (13) *Mientras (a la vez que, a la par que)*; (14) *En una segunda fase*; (15) *Al contrario*; (16) *Sin embargo*; (17) *Es decir*; (18) *En particular (sobre todo).*

D. Las frases posibles que tengan sentido y respondan a contenidos reales enunciados en el texto anterior, son las siguientes:

— *La toma del poder de los criollos en América respaldó la expansión del español.*
— *Su mal uso por parte de algunas personas no empaña su capacidad de expansión.*
— *El español ronda los 300 millones de hablantes.*
— *El español no figura entre las lenguas destinadas a desaparecer.*
— *El uso del español caló más hondo en el siglo XIX en América.*
— *El español arrancó con dificultad su uso como lengua de cultura al latín.*
— *El español no se implantó de forma extensiva en el norte de África.*
— *El español se difundió aceleradamente en el siglo XVI.*
— *La caída del imperio atenuó el prestigio internacional que tuvo durante dos siglos.*

E. Según el texto, no, puesto que primero abarcó mucho geográficamente, y después se ha mantenido en la mayoría de esos lugares, difundiéndose más dentro de la población.

---

2. **Gozo y zozobra en Nuevo Méjico.** `pág. 16`

A. En Nuevo Méjico, como se ve por su nombre, hubo una gran influencia española, y todavía parte de la población habla el español. El viajero siente gozo cuando ve los nombres de origen español en los ríos, montañas, ciudades, y siente zozobra porque ve que, con la actual política lingüística, el español puede perderse allí definitivamente.

B. a. *Hay dos lenguas oficiales: inglés y español.*
   b. *En inglés.*
   c. *Sí, si no no habría existido el problema de la prohibición de hablar en español a las empleadas de una cadena de peluquerías.*
   d. *Una es de índole histórica y otra económica: la primera, porque el español forma parte de la historia de Nuevo Méjico; la segunda, porque allí van muchos turistas hispanos que se sentirían mejor si se les hablara en su idioma.*

C. **a.** F *(casi homónimo ducado extremeño).*
   b. V *(el departamento de turismo del Estado se desvive en atender a los visitantes).*
   c. V *(esta reliquia viva —que no residuo— de la lengua española).*
   d. V *(sus esfuerzos por conseguir que Nuevo Méjico sea conocido en el mundo, ...este turismo que ellos propugnan).*

---

3. **Español de aquí, español de allá.** `pág. 18`

B. Los dos aspectos que diferencian fundamentalmente el español hablado en los distintos países americanos y en España son la fonética (por ejemplo, el seseo ejemplificado en la primera anécdota) y el léxico (tenemos un ejemplo en

14

la segunda anécdota). De todas formas, estas dos son también las diferencias entre las distintas zonas dialectales de los diversos países de habla española (así, como podrán ver los estudiantes en el apartado **IV. ¡Lo que hay que oír!** de esta unidad, en España también hay zonas donde los hablantes sesean).

III. Palabra por palabra.

pág. 18

La variedad en el español de América es imposible de representar. Aunque los ejemplos que hemos escogido son bastante generales, hay zonas de América donde no se usan. Con esta actividad pretendemos sólo mostrar a los estudiantes la diversidad léxica del español y familiarizarlos con algunas palabras muy comunes y extendidas.

— gambas = *camarones*; carne de vaca = *carne de res*; patatas = *papas*; tardaron = *se demoraron*; fontanero = *plomero*; me enfadé = *me enojé*; dinero = *plata*; vergüenza = *pena*.
— pendientes = *aretes*; abrebotellas = *destapador*; americana (chaqueta) = *saco*; manta = *cobija*; percha = *gancho*; sellos = *timbres/estampillas*; ordenadores = *computadoras*.
— conducir = *manejar*; coche = *carro*; altavoz = *bocina/altoparlante*; billete = *boleto*; coger = *agarrar/tomar*.

IV. ¡Lo que hay que oír!

pág. 19

Lo que se pretende con esta actividad es solamente hacer conscientes a los estudiantes de la diversidad de realizaciones fonéticas del español, tanto en América como en España. Por ello no se hace un análisis detallado y se presentan solamente seis muestras, trabajo que el profesor puede ampliar si lo considera oportuno. Otro aspecto al que no se hace referencia en este apartado es la entonación, pero puede hacérseles notar a los estudiantes.

	1	2	3	4	5	6
Una /**r**/ fuerte especial		X				
Pronunciación especial de la /**l**/						X
Pronunciación especial de la /**ll**/ y la /**y**/ consonante	X					
Pronuncia la /**z**/ y /**ce, ci**/ igual que la /**s**/	X	X	X	X		
No pronuncia la /**s**/ a final de palabra	X		X	X		
No pronuncia algunas consonantes finales, como /**r**/ y /**d**/			X	X		
Aspira la /**s**/ delante de consonante	X		X	X		
Hace un sonido fuerte para /**j**/ y /**ge, gi**/					X	X
Hace una /**ch**/ muy fuerte	X					

Después de hacer el ejercicio, si los estudiantes no lo comentan, el profesor puede señalar cómo los rasgos que han anotado acercan mucho más a un hablante de Andalucía a un hablante americano que a otros hablantes españoles.

TRANSCRIPCIÓN DE LAS GRABACIONES

Argentina

Desde que nosotros tomamos responsabilidades de tener una casa, nos casamos, los chicos..., este... ya el país empezó en una decadencia. Entonces, es casi normal ir adaptandonos, de año en año cortar cositas en las vacaciones, cortar días, cambiar el coche de cuando en cuando, salir menos con los chicos, menos regalitos... Entonces, es como que ¿quién sabe? nos vamos adaptando más que la gente grande, que vivieron una estabilidad. Nosotros no la conocimos, yo no sé lo que es una estabilidad, no sé lo que es pagar una cosa en cuotas.

(Del reportaje «Érase una vez un país», TVE-1, España)

Costa Rica

Bueno, Guanacaste ha sido el... la zona del país en que realmente la ganadería se ha centrado tradicionalmente, yo diría que básicamente por la razón climatológica y desde el punto de vista de tipos de suelo y parajes que hay. Ha sido la región que produce la cría del país, surte a las otras regiones, que son más típicamente engordadoras por sus condiciones de pasto. Aquí tenemos dos zonas muy marcadas, dos épocas del año muy marcadas en que tenemos un invierno en que la cantidad de pasto es bastante buena, la calidad del pasto también, y tenemos una zona, una parte del año, que es en la que estamos ahora, que es el verano, que es bastante seco, muy ventoso y realmente con problemas grandes de crecimiento del pasto.

(Del reportaje «Costa Rica», en el programa «La otra mirada», TVE-2, España)

Cuba

Y la salsa usted la baila como usted quiera, no hay nadie que baile la salsa... este... de mano cogida de nadie. Todo el mundo fuera, uno allá, el otro acá, da la vuelta y cuando... te aparece otro por allí y te hace pareja con aquél... Pues... está bueno.

(Del reportaje «Celia Cruz», en el programa «Informe semanal», TVE-1, España)

Andalucía (España)

Mira, te voy a decir la verdad, ¿eh? Yo no entiendo ni sé de política, ni quiero saber, y cada vez menos, pero, bueno, si hay que decir la verdad, es la verdad, estaba... el trabajador siempre ha estado derrotado. La España de atrás, como se vivía el trabajador, ¡bueno!, vivía muy mal, la miseria andando, pero el corazón estaba más... más despierto, había más espiritualidad que hoy, porque el que trabaja tiene más derechos que el que no trabaja, esta es la verdad. Veo muy materializado... a la gente. Eso yo creo que será por la edad, nos pasará a todas las personas de mi edad; veo mucho materialismo. Así me gustaría que fuera el año 2000: que todo el mundo viviera bien, que todo el que trabaja tuviese su trabajo bien remunerado, bien..., que no..., que los que cogen el poder se acuerden de cuando no eran nadie, que sigan... que sigan sosteniendo a la gente y tratándola como hay que tratarla —no vayas a creer que estoy dando un mitin ahora—. Es la verdad, me gusta ver bien tratado al trabajador. Así me gustaría que fuera el año 2000.

(De la serie «Los años vividos», años 90, TVE-1, España)

Castilla (España)

Cuando Franco vivía, pues era muy fácil decir... el estar en contra de Franco ya parecía que todos éramos como de la misma cosa y aglutinaba a todo el mundo, y luego se vio que no, que no, que había gente que era liberal, otra gente que era socialdemócrata, otro demócrata-cristiano, otro que era del PC, y entonces eso sí pensé que sería como el momento de que se aclarase todo el mundo, esos años, y de que iba a empezar un trabajo muy duro.

(De la serie «Los años vividos», años 70, TVE-1, España)

Cataluña (España)

Yo creo que a nivel colectivo en este país, en el año 68, el mayo no fue muy distinto del junio y abril, y te lo dice alguien que en el mayo se jugó el tipo en la Facultad de Económicas de Madrid, o sea, el 18 de mayo, además, o sea, me acuerdo perfectamente.

(De la serie «Los años vividos», años 60, TVE-1, España)

V. Materia prima.

pág. 20

Las frases de español americano de esta actividad han sido sacadas de novelas hispanoamericanas: *Hijo de hombre,* de A. Roa Bastos (paraguayo): 1a, 2b, 3a, 4a, 5b, 6b, 7b, 8a. *Conversación en la catedral,* de M. Vargas Llosa (peruano): 9a, 10b, 11b. *La casa verde,* de M. Vargas Llosa: 13b. *La mala hora,* de G. García Márquez (colombiano): 12a. *Los de abajo,* de M. Azuela (mejicano): 14a, 15b. *La muerte de Artemio Cruz,* de C. Fuentes (mejicano): 16a, 17b. *Sobre héroes y tumbas,* de E. Sábato (argentino): 18a.

Español de América: 1a, 2b, 3a, 4a, 5b, 6b, 7b, 8a, 9a, 10b, 11b, 12a, 13b, 14a, 15b, 16a, 17b, 18a.
Principales fenómenos lingüísticos del español de América que aparecen en estas frases:

1a, 8a, 10b: Mayor frecuencia en el uso del pretérito indefinido frente al pretérito perfecto. Esto se debe a que en el español americano el pretérito perfecto tiene un valor muy determinado: expresa acción iniciada en el pasado y que aún se continúa. Esto hace que su uso sea más restringido que en el español de España. Es un fenómeno general en América, que también se encuentra en el español peninsular (especialmente en el norte) y en el de Canarias.

17

2b, 5b, 18a: Uso de *vos* en lugar de *tú* (voseo). Esto afecta también a las formas verbales, que se han transformado a partir de las formas de *vosotros*: en presente, *-áis, -éis, -ís* > *-ás, -és, -ís*; imperativos sin *-d; sos* por *sois*; subjuntivos en *-ás, -és*; etc. Este fenómeno no es general, pero aparece en grandes zonas de América: Argentina, Uruguay y Centroamérica. En Panamá, Chile, Paraguay, Venezuela, Colombia y partes de Ecuador y Perú, alternan *vos* y *tú*.

1a, 3a: *Recién* tiene en América unos usos más amplios que en el español de España. Puede significar: 1) *ahora mismo, hace poco tiempo*; 2) *sólo, sólo entonces, no antes*; 3) *apenas, tan pronto como*. Se emplea en Argentina, Uruguay, Paraguay, Chile, Bolivia, Perú y Ecuador.

3a, 7b: Frente al uso de *nada más* en el español de España, el español americano prefiere seguir utilizando la forma del español clásico *no más*. Éste tiene multitud de valores en América: 1) *solamente*; 2) reforzativo en expresiones de lugar o temporales (*ahora no más* = *ahora mismo*); 3) enfático con verbos en imperativo con los significados *resueltamente, sin tardanza* (como en 7b); etc.

6b y 13b: En el español de las zonas andinas (Perú, Chile, Bolivia, Ecuador, Venezuela) se utiliza con mayor frecuencia la perífrasis ESTAR + GERUNDIO, con el mismo valor que la forma simple.

9a: En el español de América se usan más frecuentemente los pronombres reflexivos con los verbos: *soñar(se), enfermar(se), robar(se), huir(se)*, etc.

10b, 11b, 15b: En el español americano es más frecuente que en el peninsular el uso de pronombres personales redundantes, especialmente en el caso de objetos directos. Por el contrario, es también más corriente en América la omisión del pronombre *lo* con verbos de entendimiento y expresión: *te (lo) digo* (frase 1a).

16a: Cada vez es más frecuente en América *se los-las* por *se lo-la* en los casos en que *se* representa un complemento indirecto en plural. Se añade una *-s* al complemento directo con el objeto de remarcar esa pluralidad.

12a: En América, en general, es más frecuente el uso de TENER en lugar de LLEVAR para expresar transcurso del tiempo.

14a: En determinadas construcciones temporales con *hasta* se omite un *no*, por lo que esta preposición pasa a significar *inicio* y no *término*. Este fenómeno es corriente en México, Centroamérica y Colombia.

16a y 17b: Uso exclusivo de *ustedes* en lugar de *vosotros* en toda América. Esto también ocurre en Andalucía occidental y Canarias.

VI.   Dimes y diretes.

pág. 21

1. a) *te sigo*; b) *perder el hilo*; c) *me he perdido*; d) *no me ha quedado claro*; e) *no lo cojo*; f) *no entiendo ni jota / ni papa / ni palabra - no me entero de nada*; g) *habla en cristiano*; h) *me suena a chino*; i) *no me he enterado de nada - me he quedado igual que estaba*; j) *¿me sigues? - ¿te estás enterando?*

2. **A.** a y c; **B.** b y c (para decir *he perdido el hilo* el contexto debería pedir que repitiera el chiste, no que lo explicara); **C.** a y b (*me he quedado igual que estaba* se podría utilizar al final de la explicación, pero no en este contexto); **D.** a y c; **E.** a y b.

VII.   A tu aire.

pág. 22

1. Argentina: *austral*; Paraguay: *guaraní*; Guatemala: *quetzal*; Colombia: *peso*; Nicaragua: *córdoba*; México: *peso*; España: *peseta*; Panamá: *balboa*; República Dominicana: *peso*; Honduras: *lempira*; Venezuela: *bolívar*; Cuba: *peso*; Chile: *peso*; Costa Rica: *colón*; Ecuador: *sucre*; Uruguay: *peso*; Puerto Rico: *dólar*; Perú: *sol*; Bolivia: *peso*; El Salvador: *colón*.

3. Es conveniente que el profesor conteste estas cartas, bien de forma personalizada, bien con una carta igual fotocopiada para todos los alumnos. Esto dependerá de la diversidad de intereses de los estudiantes, de lo personal que sea la carta que ellos han escrito previamente al profesor y del número de estudiantes del grupo. Después de contestar a la carta, el profesor puede dejar abierta la posibilidad de una nueva respuesta por parte de los estudiantes, de forma que se establezca un medio de comunicación estable durante el curso. Si esto se produce, creemos que no es aconsejable en ningún caso la corrección de las cartas, pues lo importante sería el contenido y la práctica de la escritura extensiva por parte de los estudiantes; únicamente en caso de ambigüedad o incomprensión del mensaje podría el profesor pedir al estudiante que mejorase o aclarase la forma del mensaje.

UNIDAD 2
EN TODAS PARTES...

I. ¿Tú qué crees?

pág. 24

En esta actividad se trata de discutir los tópicos sobre España que las frases reflejan, teniendo en cuenta las fotos, que muestran otros aspectos menos conocidos de España, así como el cuadro, que ofrece datos sobre las ocupaciones de la población trabajadora y sobre el clima.

Si los estudiantes están interesados en España como país, es éste un buen momento, si se ha seguido el orden propuesto por el libro y, por tanto, ésta es la segunda unidad que se trabaja, para saber hasta dónde llegan sus conocimientos y sus intereses culturales. En caso de estar más interesados en otro país de lengua española, las actividades propuestas en esta unidad (exceptuando los textos escritos y la canción de **¡Lo que hay que oír!**) pueden reelaborarse cambiando los contenidos.

II. Con textos.

1. Las otras lenguas.

pág. 25

Con este texto queremos presentar un aspecto de España que para muchos estudiantes es desconocido o confuso: el carácter bilingüe de gran parte de su población, y, sobre todo, la existencia de otras lenguas que son reconocidas como oficiales en los estatutos de varias comunidades autónomas.

A. Además del castellano o español, existen tres lenguas oficiales en España: el gallego (hablado en Galicia), el catalán (hablado en Cataluña, Comunidad Valenciana y Baleares) y el vasco (hablado en el País Vasco y parte de Navarra). Las dos primeras provienen, como el castellano, del latín.

B.

LENGUA	LUGARES	PORCENTAJE DE HABLANTES
Catalán	Cataluña	67 %
	País Valenciano	49 %
	Islas Baleares	71 %
Gallego	Galicia	94,2 %
Vasco	País Vasco Navarra Provincias francesas	23 %

C. El título indica que cada vez es más frecuente entre los hablantes bilingües de España intercalar términos castellanos cuando hablan en su otra lengua, así como cambiar rápidamente de una lengua a otra.

D. **a.** C, G, V; **b.** G; **c.** G; **d.** C; **e.** G; **f.** V; **g.** C; **h.** V; **i.** C; **j.** V.

2. El español y los siete pecados capitales.

pág. 27

Al final (actividad **E**) se propone un ejercicio de escritura sobre el país de los estudiantes. Si son del mismo país o se pueden agrupar por países, la redacción podría hacerse en grupos.

A. Esta parte trata de la soberbia.

B. Las tres preguntas tienen la misma respuesta: los españoles aborrecen, les saca de quicio y les produce consternación que los extranjeros comenten o traten de imitar sus costumbres.

C. **a.** *El escrito de Juan Valera.*
b. *La anécdota del americano y su hijo vestidos de corto.*
c. *La costumbre de invitar en los bares, y más a los extranjeros.*

D. Dice esto porque está hablando de una americana bailando flamenco, y el flamenco es un baile de origen andaluz, no catalán ni vasco ni de ninguna otra zona de España.

3. España cañí.

pág. 29

B. En principio, por las palabras que utiliza la autora, podría pensarse que para ella los estereotipos tienen un efecto positivo (*Son tan cómodos, te ahorran el esfuerzo de tener que pensar, te tranquilizan, son doblemente útiles,* etc.). Sin embargo, estas palabras son totalmente irónicas, como vemos por las palabras duras que se entremezclan con ellos: *engordan el etnocentrismo, pueblos retrasados y miserables, espejismo.*

C. *en lo menudo* (b); *deleznables* (b); *pandereta* (a); *enlutados* (b); *boina* (a); *crucifijos* (b); *puñales* (a); *gravita* (b); *cicatrices* (a); *espejismo* (a).

D. El artículo no trata los aspectos positivos que ven los extranjeros en los españoles, así que las coincidencias sólo se dan en el cuadro de la derecha; así, un buen porcentaje de los extranjeros considera a los españoles un pueblo atrasado (58,5 %), ignorante (22,0 %) y pobre (21,4 %) (aspectos que los españoles consideran en un porcentaje mucho más bajo), tal como dice el artículo de Rosa Montero.

1. **Andaluces:** *juerguistas, chistosos, generosos, vagos, exagerados y alegres.*
    Aragoneses: *testarudos, brutos, trabajadores, honrados, sinceros.*
    Castellanos: *austeros, orgullosos, serios, conservadores.*
    Catalanes: *tacaños, orgullosos, emprendedores, prácticos.*
    Gallegos: *supersticiosos, desconfiados, cerrados, trabajadores, poco directos, cariñosos.*
    Madrileños: *chulos, prepotentes, hospitalarios, derrochadores.*
    Vascos: *comilones, amantes de su tierra, fuertes, extremistas, rudos, serios.*

2. a. *no*; b. *no*; c. *sí*; d. *sí*; e. *no*; f. *no*; g. *no*.

IV. ¡Lo que hay que oír!

pág. 32

Suspiros de España.

El profesor puede presentar la canción y explicar las siguientes palabras, si cree que los alumnos lo necesitan: **vergel, blasón, lucero, lamento, desgarrarse.**

1. Por el título, se puede interpretar que es España la que suspira. En realidad la canción es el lamento de un español que debe marcharse de España. Ésta es la letra:

Siento en mí
triste emoción.
Me voy sufriendo lejos de ti
y se desgarra mi corazón.
Nunca el sol
me alegrará
que en el vergel de España mi amor
como una flor
siempre estará.
Dentro del alma te llevaré,
cuna de gloria, valentía y blasón.
España, ya nunca más te he de ver,
de pena suspira mi corazón.
Si con el viento llega a tus pies
este lamento de mi amargo dolor,
España, devuélvelo con amor,
España de mi querer.
Siento en mí
triste emoción.
Me voy sufriendo lejos de ti
y se desgarra mi corazón.

Nunca el sol
me alumbrará,
ya nunca más tu suelo veré
lejos de ti, de pena moriré.
España mía,
yo no te miro;
tú eres mi guía,
por ti brota mi suspiro.
Tú eres toda mi alegría
de noche y día
yo no te olvido.
Ay, ¡quién pudiera!
Ay, ¡quién volviera!
¿Qué no daría por mirarme,
patria mía, en tu cielo azul?
En mi soledad suspiro por ti.
España, por ti me muero.
España, sol y lucero.
Muy dentro de mí te llevo escondida.
Quisiera la mar inmensa atravesar.
España, flor de mi vida.

2. España es un vergel,
cuna de gloria, valentía y blasón
mía,
mi guía
toda mi alegría
mi patria
sol y lucero
flor de mi vida

España tiene sol,
cielo azul

3. *El autor está triste porque se marcha de España.* (V)

El autor se lleva consigo su amor. (F)

El autor siempre pensará en España. (V)

El autor volverá a España para morir. (F)

El autor no quiere volver a España. (F)

El autor probablemente está en América. (V) *(Quisiera la mar inmensa atravesar.)*

V. Materia prima.

pág. 33

En lugar de empezar directamente con la explicación de cada relativo, sería conveniente, puesto que estas palabras son ya conocidas por los estudiantes, comenzar con la **actividad** que hay detrás, con el fin de localizar los problemas y concentrarse en ellos, en lugar de tratar todos los relativos. Recomendamos también que, en caso de tener que revisar el uso de los relativos, no se haga de forma global, sino comparando aquellos que tienen puntos comunes (QUE / QUIEN, EL CUAL / EL QUE, LO QUE / LO CUAL).

Actividad

1. b; **2.** a, b; **3.** a, c; **4.** b; **5.** c; **6.** b; **7.** c; **8.** a, b, c (con diferentes sentidos); **9.** a, c; **10.** b, c; **11.** a - a, b; **12.** a (en registros muy cultos, con supresión del artículo en EL QUE), b, c; **13.** a; **14.** c; **15.** c.

VI. Dimes y diretes.

pág. 36

1. *Llevarse bien*: b, e, g, h.
Llevarse mal: a, c, d, f.

2. **A.** **1**-f; **2**-d; **3**-j; **4**-g; **5**-b; **6**-i; **7**-e; **8**-a; **9**-c; **10**-h.
B. a) *gallegos*; b) *andaluces*; c) *castellanos / vascos*; d) *catalanes*; e) *catalán... madrileño*; f) *catalanes*; g) *madrileños*; h) *vasco*; i) *aragoneses*.

VII. A tu aire.

pág. 38

Para hacer las dos actividades, si los estudiantes no viven y nunca han vivido en España, seguramente necesitarán un mapa político del país. Se puede llevar a clase y tenerlo a su disposición para consultar mientras hacen la actividad en pequeños grupos, o pueden hacer esta actividad en casa, consultando un atlas.

Aparte de las provincias listadas en la actividad B, tendríamos que mencionar las de Ceuta y Melilla, en el norte de África, que no aparecen en la actividad porque actualmente no constituyen comunidad autónoma y dependen administrativamente de Andalucía, pero no pertenecen a ella. Se trata, por tanto, de una situación especial y probablemente transitoria, por lo cual hemos preferido no incluirlas, pero puede ser un dato interesante para los estudiantes, pues está en relación con buena parte de la historia reciente de España.

A.

1. *No fabriquES PAÑALes, sino pañuelos.*
2. *Los volcanes arraSAN TAN DE Repente que apenas dan tiempo para escapar.*
3. *Como somos buenos, si él goZARA, GOZAríamos todos con él.*
4. *Leer me distrae, pero cuando LEO No puedo jugar.*
5. *En una carrera nunca se retraSA LA MANCA sino la coja.*
6. *Cuando el moroSO RIA, ten cuidado, porque puedes dejar de cobrar.*
7. *Yo no lA VI, LA oí ni la llamé, pero a pesar de todo, vino.*
8. *Construí un igLU GOta a gota, hielo a hielo.*
9. *CoGER ONAgros es mucho más fácil que coger asnos.*
10. *No será el águila, sino el buitre, el que CACE REStos de animales.*
11. *En HamBURGO, Siempre que quieres, puedes comer hamburguesas.*
12. *Un español en JaPON TE VE DRAmático, pero en España es el japonés el que te ve así.*
13. *No practiques el terrOR EN SEñal de protesta.*
14. *Con un suave cacareo llaMA LA GAllina a sus polluelos.*
15. *No seas desordenado y deJA EN su sitio los libros.*
16. *El demonio dice: «SE VIL LAs veces que quieras y mentiroso las que puedas».*
17. *En este mundo injusto la raza neGRA NADA se parece a la blanca, cuando de igualdades se trata.*
18. *Si está en el almacén, saCAD, IZad e introducid la mercancía en el barco.*
19. *El búho, que miraba con fijeZA, MORAba en el hueco de un árbol.*
20. *Si es preciso, reMAD RIDículamente, pero no dejéis de remar.*
21. *Es natural que, si yo le inVITO, RIA mis chistes.*
22. *ACORDO BAñarse una vez a la semana.*
23. *Un empleado de ferrocarriles SEGO VIAs de tren, dejándolas limpias de malas hierbas.*
24. *Cuando me cuentan un chiste siempre me pasa iguAL. ME RÍA o no me ría, quedo mal.*
25. *Con Mohamed y con ALI CANTE hermosas canciones árabes.*
26. *Los niños no tenían miedo de aqueL OGRO ÑOño e infantil.*
27. *Suele equivaLER «IDA y vuelta» en los billetes de tren a una reducción del 20 %.*
28. *En un corral VALLADO LIDió el más famoso torero de Colombia.*
29. Bañó un medicamento antigriPAL EN CIAnuro y se lo tomó.
30. *Para aplaudir hay que juntar LAS PALMAS de las manos.*

B. **1:** Almería, Cádiz, Córdoba, Granada, Huelva, Jaén, Málaga, Sevilla; **2:** Huesca, Teruel, Zaragoza; **3:** Asturias; **4:** las Islas Baleares; **5:** Las Palmas, Tenerife; **6:** Cantabria; **7:** Albacete, Ciudad Real, Cuenca, Guadalajara, Toledo; **8:** Ávila, Burgos, León, Palencia, Salamanca, Segovia, Soria, Valladolid, Zamora; **9:** Barcelona, Gerona, Lérida, Tarragona; **10:** Alicante, Castellón, Valencia; **11:** Badajoz, Cáceres; **12:** La Coruña, Lugo, Orense, Pontevedra; **13:** Madrid; **14:** Murcia; **15:** Navarra; **16:** Álava, Guipúzcoa, Vizcaya; **17:** La Rioja.

II.   Con textos.

pág. 42

1.   Tú y usted.

Es posible que sus alumnos no estén familiarizados con el uso de **tú** o de **vosotros**. Aun en el caso de que no les interese utilizar este tratamiento (debido a que no se usa en la zona donde van a practicar español), el texto puede resultar interesante desde el punto de vista cultural, puesto que la evolución del **tú** y el **usted** en España es reflejo de los cambios sociales y políticos producidos en las últimas décadas.

A.   a) tú - vos; b) usted; c) vosotros - ustedes.

		ESPAÑA	AMÉRICA
SINGULAR	Familiaridad	*tú*	*tú / vos*
	Cortesía	*usted*	*ustedes*
PLURAL	Familiaridad	*vosotros / ustedes*	*ustedes*
	Cortesía	*ustedes*	*ustedes*

B.   (1) *usted*; (2) *usted*; (3) *usted*; (4) *tú*; (5) *usted* (aunque el autor utiliza una palabra inventada por él: «usteo»); (6) *usted*; (7) *tú, tuteo*; (8) *usted*; (9) *usted*; (10) *usted*; (11) *usted*; (12) *usted*; (13) *tú*; (14) *tú*; (15) *tú*; (16) *usted*; (17) *usted*; (18) *tuteos*.

C.   a. *aciago*; b. *empollar*; c. *avatares*; d. *ademán*; e. *«footing»*; f. *impresentable*; g. *hilacha*; h. *carroza*; i. *astilla*; j. *comadre*; k. *contundente*; l. *paro*; m. *atiborrarse*; n. *vieja*.

D.   El autor prefiere el **tú** al **usted**. Odia el **usted** cuando éste sirve para marcar diferencias sociales o de edad. Sin embargo, también encuentra que algunos *tuteos* entre desconocidos son irrespetuosos (pero esto quizá es así porque existe la forma **usted**).

E.   Lo más usual en España actualmente sería: *tú - usted - tú - usted - usted - tú - usted*.

F.   Podría decirse: *¿Podemos tutearnos?* o *¿Le importa si nos tuteamos?*

2. El bar, la casa de todos.

En el texto se dice que *hay más bares entre la glorieta de Atocha y Antón Martín...* Para que los estudiantes aprecien lo que significa esta cantidad, puede indicarles que entre ambos puntos hay menos de un kilómetro.

A. **a.** efervescente, agitado, tumultuoso; **b.** pringoso, sucio; **c.** variopinto; **d.** ruidoso, estrepitoso, alborotado.

B. **a.** «El bar es el agitado templo donde se cumple a lo largo del día una agitada ceremonia social», «Hay momentos del día... en que los bares españoles... parecen hervir de gente»
b. «La gente arroja papeles al suelo, escupe huesos y cosas peores», «moscas omnipresentes y activas», «En el piso, serrín, servilletas sucias, colillas y huesos de aceitunas»
c. «El bar español es sitio de hombres, mujeres y hasta de niños», «El bar español es sitio familiar, de amigos, de compañeros de trabajo, de estudiantes, de solitarios, de vecinos, de enamorados, de tíos que pasaban por ahí», «adorable híbrido de comedor, casino, tienda, cantina, lugar de reunión y hasta guardería infantil»
d. «Después de Japón, España es el país más ruidoso del mundo, y los bares son una de las principales chirimías de ese atronador concierto», «la gente... hace ruido», «Un televisor... muele noticias, culebrones y partidos de fútbol de sol a luna», «la gente... pide cervezas a gritos, festeja con risas estentóreas, se saluda con alaridos de esquina a esquina», «la gente a veces... comenta indignada y vociferante...»

C. Probablemente sea porque esa suciedad implica contacto de gentes, relaciones sociales bulliciosas y alegres.

D. **Qué se suele comer:** patatas bravas, calamares, chopitos, albóndigas, bocadillos, aceitunas, boquerones, oreja de cerdo, tortilla de patatas, codornices escabechadas.
Qué se suele beber: café, licores (anís), cerveza (cañas), vino (chatos).
Objetos presentes: televisor, estatuilla de San Pancracio, papeles y huesos de aceitunas en el suelo, serrín, máquinas tragaperras, colillas.
Qué hace la gente: picar, tapear, desayunar, beber, comer, fumar, ver la televisión, hablar, charlar, gritar, tirar papeles y otros objetos al suelo, jugar a las tragaperras, blasfemar, criticar al gobierno, ligar, tutear a todo el mundo, leer el periódico, reunirse (estudiantes, enamorados), comprar (casetes, llaveros...).

E. a. *barra*; b. *serrín*; c. *barra - surtida*; d. *por barba*; e. *pudiente / de medios*; f. *tapas*; g. *chiringuito*; h. *páginas amarillas*; i. *pícaras*.

Puede ser conveniente indicar que la expresión «por barba» se dice tanto de hombres como de mujeres.

3. Vecinos.

Algunas de las expresiones coloquiales que se usan en el texto no suelen aparecer en los diccionarios (*«hacer la puñeta»*, *«tirar la toalla»*, etc.). La actividad **D** recoge casi todas, parafraseándolas.

> **C.** a. - 6; b. - 5; c. - 2; d. - 8; e. - 9; f. - 4; g. - 7; h. - 1; i. - 3; j. - 3.
>
> **D.** **a.** 6 (*los vecinos vivían con la única obsesión de hacerse la puñeta*), 8 (*El bando de los del* A *se enzarzaba sistemáticamente contra el bando de los del* B), 10 (*A las siete y media de la mañana empezaba la jarana, y antes de las tres de la madrugada nadie podía pegar ojo*); **b.** 2 (*una tremenda sardinada que a la postre acababa en una rotunda borrachera, con coral incluida*); **c.** 7 (*constantemente acompañado de una jauría de perros*); **d.** 4 (*Los buenos salían a la escalera cantando y con la radio a todo meter a las siete de la mañana*); **e.** 1 (*Su intento de permanecer al margen resultó baldío*), 3 (*Efectivamente, los del cuarto eran unos capullos. Y los del tercero, y los del segundo, y los del primero*), 5 (*Al año tiró la toalla*), 9 (*Mosqueado por tanta amabilidad...*)

E. El texto original puede darse a los alumnos una vez que ellos hayan escrito el suyo, y es el siguiente:

...Compró los mayores bafles que encontró en el mercado, abrió todas las ventanas de par en par y dispuso un curioso ingenio de música en sesión continua de 72 horas de duración. Esperó pacientemente con todo preparado, y cuando llegó el viernes al mediodía enchufó el aparato a todo trapo y salió huyendo a pasar el fin de semana al chalé que tenían sus padres en Pedraza de la Sierra. El lunes, cuando volviera por la mañana, habría noticias. Su estrategia pasaba por unir a todos los vecinos contra él. Si es que a esas alturas quedaba la casa en pie.

III. Palabra por palabra.

1. La palabra *«michelín»* es todavía argot y no se encuentra en el diccionario. Se usa mucho en España para referirse a la grasa que se acumula en los costados formando bolsas, que recuerdan al muñeco que anuncia los neumáticos Michelín.

2.

> GORDO: *corpulento (voluminoso, fuerte), obeso, rechoncho (implica que se es bajo), grueso, orondo, rollizo, lleno (sin llegar a ser obeso).*
>
> DELGADO: *famélico (con aspecto de hambriento y enfermizo), esbelto (palabra positiva), desmirriado, escuchimizado (las dos son despectivas), demacrado (implica enfermedad, cansancio o sufrimiento), escuálido (muy delgado), esquelético, desmejorado (que ha perdido salud, antes estaba más gordo), menudo (también implica que se es pequeño).*

Se trata aquí de que los estudiantes especulen sobre las diferentes posibilidades, no de que acierten a la primera, puesto que en algunos anuncios no hay claves inequívocas que permitan saberlo. Si es necesario, pueden escucharlo varias veces hasta sacar toda la información que les permita acercarse a la respuesta.

Haga notar en el anuncio **4** el valor negativo de la expresión *¡Y un jamón!*, equivalente a *De eso, nada.*

En el anuncio **5**, la clave para saber de qué se trata es la expresión **comer con**, que solamente se dice de la bebida con que se acompaña la comida, y sobre todo del vino.

> **1.** *Se trata de un sustituto de la leche.*
> **2.** PMI *es la marca de un yogur.*
> **3.** SOS *es una marca de arroz.*
> **4.** NAVIDUL *es una marca de jamón.*
> **5.** DON SIMÓN *es una marca de vino de mesa.*

TRANSCRIPCIÓN DE LAS GRABACIONES

— El colesterol es un problema que puede afectar a personas de todas las edades, incluso niños. Por eso conviene prevenirlo a tiempo a través de una alimentación adecuada con productos como **Flora**. **Flora** aporta los componentes de la leche fresca de vaca: vitaminas, proteínas, minerales, y toda la energía tan necesaria para el desarrollo equilibrado de adultos y de niños. La diferencia está en el origen de su grasa, que en **Flora** es vegetal, y le ayuda a regular el nivel de colesterol. Le gustará beber **Flora** porque conserva entero su sabor.

Flora le ayuda a regular el nivel de colesterol.

— Mira qué cosa más nueva.
Mira qué cosa más rica,
más llena de fruta,
cuánto se disfruta,
y son más ligeros, más apetitosos.
Nuevos **PMI**.

Mira qué cosa más rica,
postre y desayuno,
mejor que ninguno.
Sabor ideal.
Todo natural.
Nuevos **PMI**.

Sin conservantes, larga duración y no necesitan frío. Nuevos **PMI**. ¡Mira qué cosa más rica!

— Todo **SOS**.
Azul: **SOS** clásico. Para tus platos de siempre.
Rojo: **SOS** largo. Ideal para ensaladas y guarniciones.
Verde: **SOS** integral. Con mucha fibra.
Y amarillo: sancochado. Puedes hacerlo de una vez para toda la semana.
Todos sabro**SOS**.
Si es **SOS**, es bueno.

— Digo yo que podíamos arreglar la carretera... A ver si viene más gente... Se alegraría el pueblo... Vendrían de todas partes...

+ ¡Y un jamón!

Afortunadamente, hay cosas que nunca cambiarán, como el sabor de **Navidul**. Siempre la misma calidad, el mismo sabor. **Navidul**. El sabor que no cambia.

— Contigo no, voy a comer con **Don Simón**.
Contigo no, voy a comer con **Don Simón**.
Don Simón, Don Simón, Don Simón.

V. Materia prima.

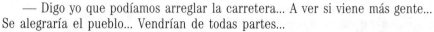

pág. 51

1. **A.** a. *está*; b. *fue*; c. *está*; d. *fueron-han sido*; e. *fue-ha sido*; f. *está-ha sido*; g. *fue-ha sido*; h. *está-ha sido*; i. *fue-ha sido*; j. *está-ha sido*; k. *está-ha sido*; l. *fue-ha sido*.

   B. a. 1; b. 2; c. 2; d. 1 y 2; e. 1; f. 2; g. 1; h. 2; i. 2.

2. **A.** *Tocar la trompeta; Tocarle a alguien la lotería; Caer bien después de un salto; Caerle bien alguien a su suegro; Tirar con una escopeta; Tirarle a alguien la familia; Salirle a alguien un grano en la nariz; Salir de su casa; Chocar con otro coche; Chocarle a alguien todo lo que es nuevo; Pesar en la balanza; Pesarle a alguien todo el mal que ha hecho; Importar camiones del extranjero; Importarle a alguien mucho lo que hace su hijo.*

B. Si los alumnos desconocen o no están interesados en practicar la forma *vosotros*, se puede cambiar por *ustedes* en las frases en que aparezca.

a. *os*; b. *te*; c. *nos*; d. *me*; e. *les*; f. *os*; g. *me*; h. *me*; i. *os*; j. *me*; k. le; l. *me*.

VI. Dimes y diretes.

pág. 54

1. Muchas de estas expresiones tienen otros usos relacionados con los que damos aquí. Cuando es imprescindible matizar más, lo marcamos con asteriscos.

A. *Preguntar como está el otro y contestar:* k, m, ñ, u*, v.
B. *Despedirse:* b, l.
C. *Responder a una presentación:* n.

D. *Recibir a las visitas:* a, c.
E. *Expresar condolencia:* d, g, ll.
F. *Negar algo que te dicen:* r, t**.
G. *Expresar que se está dispuesto a hacer un favor:* f, h, i, s.
H. *Rechazar una oferta de ayuda:* e.
 I. *Quitar importancia a algo:* p.
J. *Contradecir a alguien:* j.
K. *Saludar:* o***, q.

     * Con esta función, significa *lo de siempre, todo sigue igual.* Otras veces se usa para suavizar una opinión personal (*Yo, ¿qué quieres que te diga? A mí me parece que lo que estás haciendo está muy mal*).
     ** Al mismo tiempo expresa deseo de que lo que dicen fuera verdad.
     *** Se usa cuando hace mucho tiempo que no se ha visto al otro.

2. Las respuestas a este ejercicio son libres, pero es importante animar a que se utilicen las expresiones aprendidas en la actividad anterior. El profesor puede pasear por la clase para observar si los alumnos están haciendo el ejercicio bien y aclararles las dudas que les puedan surgir. Cuando la mayoría de los alumnos haya terminado, se puede repetir cada situación en alto para repasar las expresiones aplicables a cada caso.

VII. A tu aire.

pág. 56

2. Son falsas las condiciones g. y k., pero es mejor no decírselo a los estudiantes hasta que la discusión se haya agotado, pues hay otros puntos que podrían parecerles mucho menos necesarios para obtener la felicidad y que, sin embargo, aparecen en la lista elaborada por la ONU.

I. ¿Tú qué crees?

pág. 57

Se trata de dos anuncios de **RENFE** (Red Nacional de Ferrocarriles Españoles) y de un anuncio turístico de la **Comunidad de Castilla-La Mancha.**

«Llegar a buen puerto», como frase hecha, significa *refugiarse en parte segura huyendo de una persecución o desgracia*; en el anuncio, la mención del puerto se refiere a ir al mar. «Ir (a) por todas» quiere decir *intentar todas las posibilidades, querer conseguirlo todo*; aquí, «todas» son también *todas las estaciones de RENFE* incluidas en el programa turístico. «Ponerse las botas» significa, como modismo, *enriquecerse o lograr un provecho extraordinario*, y se usa con frecuencia para hablar de la persona que ha comido, come o va a comer muchísimo; aquí las botas designan también un tipo de calzado, pues se invita tanto a probar la comida tradicional como a caminar disfrutando de la naturaleza que ofrece esta comunidad.

II. Con textos.

pág. 58

1.

> A: Panamá; B: Argentina; C: Costa Rica; D: Guatemala; E: Perú.

A continuación se remite a la sección **III** porque en estos textos aparecen bastantes términos geográficos que probablemente sean desconocidos para los estudiantes, y que son tratados en esa parte de la unidad.

2. **La isla que escapó de Ibiza.**

> **A.** Isla tranquila / tiene turismo / no tiene suficiente servicio médico / limpia, sin contaminar / no ofrece grandes atracciones turísticas artificiales.
>
> **B.** El nombre **Formentera** viene de *Frumentaria*, que en latín significa *tierra de trigo (frumentum)*. La «moda ibicenca» fue famosa en los años setenta; fundamentalmente era ropa de estilo hippie.

C. *permiten-impiden; atraer-conjurar; impropias-propias; carece de-cuenta con* (no podría sustituir, en este contexto, a *dispone de*); *no tiene-dispone de; débilmente-con uñas y dientes; salir de-acceder a; dinamismo-languidez; despabilamiento-modorra.*

D. *Salinas-sal; ibicenca-Ibiza; apriete-presión; evacuar-vacío; isleños-isla; honra-honor; desbordar-borde.*

E. 1-g; 2-e; 3-h; 4-b; 5-c; 6-f; 7-d; 8-a.

3. Remedios para volar pág. 62

C. El «excusado» aquí se refiere a los servicios o aseos. Los «durmientes» son las traviesas de las vías férreas. El «martillazo» es una copa con bastante cantidad de alcohol.

D. **a.** «Algo semejante ocurre con las películas. He visto algunas que cambian de sentido cuando se vuelven a ver en el aire, porque el alma de los actores se resiste a ser la misma y la vida termina por no creer en su propia lógica.»

b. «cuanto más largas sean y más aburridas, más se agradece que lo sean, porque uno se ve forzado a imaginarse más de lo que ve y aun a inventar mucho más de lo que se alcanza a ver, y todo eso ayuda a sobrellevar el miedo.»

c. «lo que encontré fue la triste comprobación de que aquel mirador de la vida había sido cegado.»

d. «superé la ilusión generalizada de que...»

e. «no hay nadie más aterrorizado en los aviones que esos caballeros impasibles que leen sin parpadear, sin respirar siquiera, mientras la nave naufraga en las turbulencias.»

III. Palabra por palabra. pág. 64

1. — No se puede caminar a través de un embalse.
— Una senda no puede adentrarse en un arroyo.
— Las campiñas no tienen faldas porque son llanas.
— No puede extenderse una serranía más abajo de una montaña, pues una serranía es un conjunto de montañas.

2. El profesor deberá insistir en que sean solamente diez las palabras elegidas, y que estas diez palabras sean desconocidas para el estudiante. En el trabajo posterior por parejas probablemente aprenderá al menos otras cinco palabras. La misión del profesor en esta actividad será solamente ayudar en la fase de elaboración de la narración.

3. A. c); B. c); C. b); D. c); E. b); F. a); G. b); H. a); I. a); J. a).

A. **Chulo**: 3; **Macarra**: 2 o 3.

B. **Sustantivos:** *palmito, figura, bronceado, estilo, músculos.*
Adjetivos: *atléticos, atractivos, musculosos, arrogantes, guapos.*

C. a. - 7; b. - 4; c. - 2; d. - 3; e. - 1; f. - 6; g. - 5.

D. *despertar envidia; desarrollar un estilo* (por ejemplo, un artista a lo largo de su carrera); *lucir el palmito; marcar músculo(s)* (llevando ropa ceñida, por ejemplo); *pasear: su bronceado, sus músculos; levantar pasiones.*

TRANSCRIPCIÓN DE LA GRABACIÓN

LUIS MARIÑAS. Llenan las playas y piscinas con su palmito y su figura. Se pasean de manera descarada a la orilla del mar mostrando su bronceado y sus músculos. Son los denominados «chulos de playa», unas personas que pueblan durante el verano nuestras costas. Atléticos, atractivos y un poco macarras, los chulos de playa son una muestra más del culto al cuerpo que se profesa en nuestros días.

JUAN CARLOS GOMI. Todos los veranos, nuestras costas sufren una invasión de hombres musculosos y arrogantes. Son los denominados «chulo playas»*, unos personajes que levantan envidia y admiración entre los mortales. Ser «chulo playa» requiere al menos tres requisitos: lucir un espléndido bronceado, desarrollar músculos de atleta y marcar estilo sobre la arena. Con ese cuerpo perfecto, estos «play-boys» pasean su palmito con la idea de atraer al mayor número de chicas posible. Sin embargo, estos «latin lover» de bañador ajustado no siempre despiertan pasiones entre la población femenina.

ENTREVISTADA 1. Me parece una tontería grandísima. Vaya, me caen fatal los chulos de playa.

ENTREVISTADA 2. Que se creen muy guapos, muy atractivos, se pasean delante tuyo**... Da pena, la verdad...

J.C.G. Este desdén tampoco les importa. A ellos les basta con atraer miradas fugaces que les hagan sentirse atractivos y deseados. Saben que son un símbolo de la cultura del cuerpo, una tribu incansable hecha para el espejo, la playa y la vista.

* El locutor reproduce la pronunciación popular de «chulo de playa». Es frecuente la elisión de la preposición «de» en grupos nominales que, como éste, tienen un significado conjunto.

** Este uso del pronombre posesivo es una incorrección bastante extendida en el español coloquial. Lo normativo en este caso sería decir «delante de ti».

(Fragmento del noticiario «Entre hoy y mañana», Tele5, España)

V. Materia prima.

1. Con verbos transitivos:

A.

En las cuatro primeras frases (a, b, c y d) es frecuente usar el pronombre para destacar la intencionalidad del sujeto de realizar la acción; este valor hace que, especialmente en las dos primeras, la aparición del pronombre sea casi obligatoria, ya que en ellas se destaca que el sujeto ha realizado intencionadamente la acción en su provecho en detrimento de otros. En las tres frases siguientes (e, f y g), la aparición del pronombre destaca que la acción (*comer, beber, fumar*) se ha realizado completamente o se ha realizado con exceso, o ambas cosas a la vez. En los restantes casos no aparece el pronombre porque lo que se destaca es el carácter habitual de la acción.

B.

ORIENTATIVA

a. *Me bebería diez litros de agua de un trago*; **b.** *Me voy a comer todo lo que encuentre en el frigorífico*; **c.** *Ayer me bebí veinte cervezas*; **d.** *¡Se ha fumado un paquete en tres horas!*; **e.** *¡Cómetelo de una vez! Es tarde*; **f.** *¡Se lo comieron y se lo bebieron todo!*; **g.** *Nos recorrimos treinta ciudades en quince días*; **h.** *¡Te has jugado hasta el sueldo del mes que viene!*; **i.** *Me merezco un descanso. Me he estudiado diez lecciones esta tarde*; **j.** *Me comí primero una sopa de marisco, y después...*; **k.** *Hoy me he visto por lo menos doscientos anuncios.*

2. Con verbos intransitivos:

a. *me* (hay que utilizar el pronombre, ya que DORMIRSE expresa acción en su inicio frente a DORMIR, y en este caso se destaca que «cuando empieza la película» el sujeto comienza a dormir).

b. En este caso no se usa el pronombre, ya que no se trata de una acción en su inicio.

c. ∅ - *me* (según lo que se quiera expresar: respectivamente, la acción de DORMIR voluntariamente o por costumbre, o que el sujeto comienza a dormir, pero no profundamente).

d. No se utiliza el pronombre, ya que no hay intencionalidad del sujeto: el bisabuelo murió a causa de un agente externo (una bala).

e. *se* (en este tipo de frases aparece el pronombre con el objeto de expresar el carácter personal, no externo, de la acción; además, expresa que la acción está a punto de realizarse: «está muriéndose», «a punto de morirse»).

f. El pronombre no se usa en frases como ésta, en la que el verbo es utilizado en sentido figurado y el sujeto es un objeto inanimado, ya que lo personal y lo emotivo no tienen lugar aquí.

g. y h. *se* - ∅ (puede utilizarse el pronombre o no: en el primer caso se destaca que el sujeto, por su voluntad, cumplirá la acción en un espacio de tiempo determinado, que se enfatiza; en el segundo, se da una información objetiva sobre la acción y el tiempo que ésta durará).

i. *te* (el verbo ESTAR en imperativo aparece obligatoriamente con el pronombre).

j. ∅ (cuando QUEDAR significa «citar» no se utiliza el pronombre).

k. *nos* (cuando QUEDAR significa «estar, permanecer en cierto lugar o estado» se usa el pronombre).

l. No se usa el pronombre con SALIR cuando se emplea en el sentido de «ir hacia».

m. *nos - ∅* (es más frecuente usar el pronombre cuando se habla de «salir desde» y se indica voluntariedad de cumplir la acción).

n. *nos* (IR, cuando expresa «ir desde», debe aparecer con pronombre).

ñ. y o. *nos, te - ∅* (puede aparecer o no el pronombre: en estos casos, si se quiere enfatizar movimiento desde el punto de partida se usa el pronombre, pero si se quiere expresar movimiento hacia un determinado lugar no se utiliza).

VI.   Dimes y diretes.

pág. 67

En este apartado se trabaja con adjetivos que tienen más de un antónimo: un antónimo formado mediante prefijación que solamente es contrario en ciertos significados, y otro adjetivo sin relación morfológica con la palabra de la que partimos que se usa como contrario en otros significados. A su vez, algunos de los antónimos formados con los prefijos **in-** y **des-** han adoptado nuevos matices que no pueden ser expresados de forma contraria con el adjetivo primitivo. Puesto que el proceso es un poco complicado, es conveniente que las actividades de este apartado se hagan en el orden en el que aparecen en el libro.

1. *Impropio, inmortal, incivil, descuidado, inmodesto, incumplido, inculto, desenvuelto.*

2. **A.** a); **B.** b); **C.** b); **D.** a); **E.** a); **F.** a); **G.** b); **H.** b).

3. **A.** b) *ajena*; **B.** a) *perecederas*; **C.** a) *militar*; **D.** b) *prevenido*; **E.** b) *cultivadas*; **F.** b) *excelentes*; **G.** a) *grosero*; **H.** a) *apocada*.

VII.   A tu aire.

pág. 68

1. Si lo cree necesario, el profesor puede dar ideas a los diferentes grupos. Damos algunos ejemplos:

— Un profesor con un grupo de niños en un museo.
— Un crucero de placer (el grupo sería la tripulación).
— Un guía con un grupo de turistas en un autobús.
— Un grupo de turistas que hacen un safari fotográfico en un todoterreno con un guía nativo.

2.

A. Aproximadamente 400 dólares USA.

B. Puedes impedir que otro viajero ocupe la plaza que quedaría libre y te pueden penalizar.

C. Tienes que dejar tu dirección temporal para que te puedan advertir.

D. Sí.

E. Sí, podrías no tener plaza. Se indemniza al viajero con dinero, a menos que éste opte por denunciar a la compañía aérea.

REPASO 1 (UNIDADES 1-4)

1.	b)	24.	d)
2.	c)	25.	a)
3.	c)	26.	a)
4.	b)	27.	b)
5.	c)	28.	a)
6.	c)	29.	b)
7.	a)	30.	b)
8.	c)	31.	b)
9.	d)	32.	a)
10.	*México - Perú - Bolivia -*	33.	c)
	Venezuela - Colombia -	34.	c)
	Cuba - República Domi-	35.	b)
	nicana - Chile - Argen-	36.	c)
	tina - El Salvador -	37.	c)
	Panamá - Honduras -	38.	c)
	Paraguay - Uruguay -	39.	c)
	Puerto Rico - Ecuador -	40.	a)
	España - Nicaragua -	41.	c)
	Guatemala - Costa Rica -	42.	a)
	Guinea Ecuatorial.	43.	c)
11.	c)	44.	b)
12.	a)	45.	b)
13.	a)	46.	b)
14.	c)	47.	b)
15.	b)	48.	c)
16.	a)	49.	a) *fue;*
17.	c)		b) *ha sido;*
18.	a)		c) *está.*
19.	d)	50.	a)
20.	c)	51.	c)
21.	b)	52.	c)
22.	c)	53.	b)
23.	a)	54.	b)

I. ¿Tú qué crees? pág. 72

1. Castañuelas: *Para acompañar danzas populares*; **2.** Botijo: *Para mantener fresca el agua*; **3.** Bota: *Para llevar el vino*; **4.** Zambomba: *Para acompañar la música de los villancicos*; **5.** Trébedes: *Para sostener pucheros sobre el fuego*.

II. Con textos.

1. Los Sanfermines. pág. 73

A. 1. El chupinazo: *lanzamiento de un cohete desde el ayuntamiento*.
2. El «riau-riau»: *recorrido a pie del alcalde y los concejales desde el ayuntamiento hasta la iglesia de San Lorenzo. Les acompaña la banda municipal tocando y se canta teniendo como estribillo la palabra «riau-riau»*.
3. Los encierros: *se sueltan los toros y se les acompaña hasta entrar en el toril. Se hacen en la calle de la Estafeta. La gente corre al lado de los toros*.
4. El «pobre de mí»: *es una canción que se canta al final de las fiestas, el 14 de julio*.

B.

s. XIV	Se celebran las primeras ferias y corridas
s. XIX	Primeros encierros en Pamplona
1590	San Fermín pasa a celebrarse el 7 de julio
1628	Merienda de 200 platos
1867	Primer encierro por la calle de la Estafeta
1922	Inauguración de la plaza de toros de Pamplona
1975	El «montón» más sangriento
1980	El riau-riau duró 5 horas y 25 minutos

C. Colocarse y meterse.

D. Porque los cabestros tienen las astas afeitadas.

2. El mezcal. pág. 75

Para ordenar este texto, además del contenido, son muy importantes las referencias pronominales. Es un buen ejercicio para que los estudiantes tomen conciencia de la forma en que se suelen interrelacionar las diferentes partes que constituyen un texto. El profesor puede ayudarles antes de empezar indicándoles que señalen todos los pronombres demos-trativos o personales que aparecen al principio de cada fragmento y busquen un posible referente al final de otro fragmento.

A-I-C-G-L-H-F-M-K-B-E-LL-J-D.

3. Villancicos.

pág. 76

En el texto **1**, la frase *tenemos que beber y volver a beber como los peces en el río por ver a Dios nacido* hace referencia a un villancico muy popular cuyo título se cita en el texto **2**, «Pero mira cómo beben», y que dice: *Pero mira cómo beben / los peces en el río, / pero mira cómo beben / por ver a Dios nacido. / Beben y beben / y vuelven a beber / los peces en el río / por ver a Dios nacer.*

A. 1: a favor; 2: en contra.

B. El objetivo de esta actividad es hacer deducir el significado aproximado de una palabra a partir de otras palabras que se encuentran próximas a ella. El profesor deberá evitar, por tanto, que se utilice el diccionario.

a) *Regocijo - celebra; copla - cantada; navideño - Navidad; alba - mañana; mercachifla - almacenes; zagalejo - hijo.*

b) *Regocijo - alegría; copla - canción; navideño - de la Navidad; alba - amanecer; mercachifla - comercio; zagalejo - niño.*

C. El autor opina que hay que defender los villancicos porque son: alegres, tradicionales e inocentes.

D. Los dos resúmenes son válidos: ambos contienen la información esencial y están correctamente redactados. Se trata, sin embargo, de que los alumnos los lean atentamente y relean el texto **2**, de forma que puedan ver el mismo mensaje escrito de tres formas distintas. La elección final del mejor resumen dependerá solamente de gustos personales.

E. a. - 5; b. - 8; c. - 1; d. - 9; e. - 6; f. - 10; g. - 2; h. - 3; i. - 4; j. - 7.

F. Esta actividad es en realidad un dictado, pero con la particularidad de que el alumno deberá estar concentrado no sólo en los sonidos, sino en el significado de lo que su compañero le dicte. Es también una forma de revisar todo el vocabulario nuevo que ha aparecido en estos textos.

Las palabras del texto **1** que denotan o connotan sensaciones positivas son: *regocijo, celebra, navideño, sentimental, sencilla, divino, gracia, poesía, inocencia, juego, emoción.*
Las palabras negativas del texto **2** son: *horror, espanto, muerto, antifiesta, fantasma, anticanción, sufrimos, ebrio, desganadas, angustioso, agrava, espantoso, fondona, disimulo, mentira, pesadilla.*

1. En el primer texto: *arepa, yuca, ajiaco, mazamorra, fríjoles.*
   En el segundo texto, por este orden: *chanquetes, aceite de oliva, migas, gachas, calderetas* (el orden de las tres últimas palabras puede ser cualquiera).

2.   **Gazpacho**

— *Poner el pan en remojo.*
— *Mezclar el pan mojado con todos los demás ingredientes, una vez troceados, así como con el aceite, el vinagre y la sal.*
— *Batirlo todo bien.*
— *Añadir agua fría; la cantidad depende de si gusta más o menos espeso.*
— *Servir con pimiento, pepino, cebolla, tomate y pan, todo en recipientes por separado y cortado en cuadraditos pequeños.*

Sopa de ajiaco

— *Poner a hervir, en agua fría, el pollo y los huesos de ternera.*
— *Cortar las cebollas en trocitos e incorporar a la cocción junto con las especias.*
— *Pelar las patatas y cortarlas en rodajas. Añadir poco a poco a la olla, cuidando de que no se deshagan.*
— *Cuando el pollo esté blando, sacar y deshuesar. La carne se agrega al ajiaco o caldo. En los últimos hervores añadir las mazorcas de maíz cortadas en rodajas.*
— *Se sirve acompañado de crema de leche, alcaparras y aguacates cortados en dados, en recipientes aparte.*

3.   El juego que proponemos es el de las categorías. El profesor propondrá varios encabezamientos relacionados con las comidas, y después dirá una letra cualquiera. En grupos, los alumnos deberán poner un nombre debajo de cada encabezamiento que empiece por esa letra. Damos un ejemplo con la letra **C**:

ESPECIAS	FRUTAS	VERDURAS	PESCADOS		PUNTOS
comino	*cereza*	*coliflor*	*congrio*		

Después se verán las respuestas de cada equipo. La puntuación puede ser, por ejemplo, de 20 puntos por cada palabra correcta, 15 si más de un grupo ha escrito la misma palabra, 10 si la palabra empieza por esa letra y pertenece a ese grupo, pero hay algún error en la forma de escribirla. Después de contar los puntos de la primera letra, el profesor dirá otra letra y se repetirá el procedimiento (puede hacerse unas cinco o seis veces). Al final, cada grupo sumará los puntos para obtener la puntuación total.

Aunque el vocabulario relacionado con este tema parece de un nivel muy inferior al de este libro, es tal la riqueza de vocablos (más si tenemos en cuenta las variantes geográficas)

39

que resulta casi imposible de dominar totalmente. De todas formas, el profesor puede complicar la actividad con otros encabezamientos, tales como «mariscos», «platos típicos de Méjico», «aves comestibles», etc., si lo considera necesario.

IV. ¡Lo que hay que oír!

pág. 79

2. a, c, e, f, g.

TRANSCRIPCIÓN DE LA GRABACIÓN

— Eliseo, ¿será capaz el progreso de hacernos olvidar nuestras artes y tradiciones populares?

+ Yo creo que sí, yo creo que sí, que tardará lo que tarde, pero yo creo que sí, que se tiende a la homogeneización mundial de... de todo, ¿no? Quizás no... no lo veamos, ojalá, yo espero que eso no... vamos, estoy seguro de que no lo vamos a ver, pero...

— Nosotros no lo vamos a ver, pero...

+ No, quiero decir... quedará todo en archivos, en bibliotecas, en museos, etc., pero... de vivirlo, vivirlo, eso no sé... Yo, vamos, pienso así.

— Muy pesimista te veo. Yo no, yo no...

+ ¡No!

— ... no pienso igual, o al menos me resisto a pensarlo. Son nuestras señas de identidad, es nuestra cultura heredada, es el... el... el... el ser, el sentido de ser vascos, catalanes, gallegos, castellanos, extremeños, canarios, baleares, murcianos, valencianos...

+ Ojalá, ojalá tengas razón, oye.

— Don José Manuel Freile, al respecto de esta pregunta, que creo que es interesante, ¿piensas que el progreso...?

* A mal palo has venido a dar.

— ¿Por qué?

* Bueno, pues yo pienso, y no es que lo piense yo, es que me hacen pensarlo la gente que leo para poder trabajar y estudiar, los cronistas del siglo XIX sin ir más lejos, nos hablan de cosas que se han acabado, y probablemente habrá una suplantación de lo que nosotros ahora, afortunadamente, yo creo que somos la generación puente, o sea, la que hemos vivido todavía los últimos fuegos de la cultura tradicional y vamos a contemplar, desgraciadamente, su desaparición, como decía Eliseo, como algo vivo...

+ Exactamente.

* ... como algo vivo. Es que no es lo mismo: yo siento esto...

+ No es lo mismo las modas...

* ... en todas las fibras de mi ser, pero no me puedo equiparar a la gente... a los guitarreros de la Puebla de la Sierra ni a las panderetas de Peñaparda, que lo han mamado y que se han criado en eso. Esa raza se ha acabado; esa raza se acaba, se extingue, entonces...

— Sí, pero nos acaba de contar Pedro Palma..., ¿Pedro?

= ¿Sí?

— ... que tú vienes de la fiesta del queso, donde multitud de personas y jóvenes estaban ahí celebrando la fiesta como siempre se celebró.

* Sí, sí, bueno, vamos a ver, vamos a ver, no me has dejado acabar. Yo te estoy diciendo que yo siento eso en todas las fibras de mi cuerpo, y hay mucha gente que lo siente, pero no es lo mismo: nosotros ya somos conscientes de que estamos haciendo algo por que eso no se acabe. Luego, además, nosotros ya hemos mamado el «rock», hemos mamado la música clásica, hemos mamado... Entonces, ya somos sujetos conscientes de lo que estamos haciendo, no somos ya portadores natos como esa gente. Entonces, ¿que podemos salvaguardarla? Sí, por supuesto, y seguirá habiendo siempre una minoría que guste de este tipo de música y que ojalá se la respete y tenga donde acudir, pero no nos engañemos: nosotros somos muchos dedicados a esto porque nuestro círculo está aquí, pero lo que están llenos son las discotecas.

— Desde hace 28 siglos España es una inmensa fiesta, y en las estadísticas que hemos sacado, la media anual recoge tres fiestas por cada hora en España. Si todavía el pulso y el latido de los españoles se acerca a nuestras tradiciones en ese aspecto, lo que no se entiende es que se nos desconsidere de esta manera, hasta el punto de que parece que no tenemos nada, ¿no? No hay más que recurrir a las imágenes que nos llegan a través de los medios de comunicación, de televisión, por ejemplo, en deportes y otras materias: existe el «rugby», existen hasta deportes autóctonos anglosajones en nuestra propia televisión, y nunca, o casi nunca, meten las cámaras en los nuestros.

* Sí, pero lo que quiero ahondar es en lo que ha dicho muy bien Joaquín, y es que ha habido unos años no sólo de olvido, sino de repulsa, y eso es lo malo, eso es lo malo. Lo bueno es que ahora, aunque la gente no sepa todo el mundo jugar a la calva o a la tanga, si ven a alguien jugar a la tanga, no se rían de él, que se paren y que digan: «Hombre, ¿esto qué es?».

— Sí, eso.

* Eso, eso es lo importante.

— Eso como menos, ¿no?

* Ese respeto, ganar ese respeto ya es importante. A mí se me cayó el otro día el alma a los pies cuando en un programa (...) el presentador le decía a una señora que podía hacer reír a la audiencia durante un minuto y le dijo: «Puede usted contar un chiste o bailar un baile folclórico».

— Sí, así estamos.

— Claro...

(Fragmentos del programa de radio «El trébole», emitido en España por RN5)

V. Materia prima.

pág. 80

El uso del **se** pseudorreflexivo es probablemente uno de los aspectos gramaticales más diferenciadores del español peninsular y el español atlántico. Lo que aquí presentamos son los usos más extendidos en el español de España. Si los alumnos están más interesados en otra variante del español, o si el profesor lo considera necesario debido al uso que él mismo hace del español, puede adaptar este esquema cambiando los ejemplos, pues básicamente estos usos existen en todas las variantes del español, pero aplicados a distintos verbos. Asimismo, puede diseñar otros ejercicios siguiendo la forma de las actividades que presentamos aquí.

Actividades

pág. 81

1. A-2; B-4; C-6; D-7; E-10; F-3; G-12; H-5; I-11; J-8; K-1; L-9.

2. Puede haber pequeñas variaciones en las respuestas. Lo importante en este caso es la utilización correcta del **se**. Es muy frecuente en este tipo de frases, en las que hay un contraste entre la falta de culpabilidad de la persona que habla y la «acción» del objeto, que el **se** se refuerce con expresiones como *solo/a/os/as*, a veces precedido de los pronombres personales *él/ella/ellos/ellas*. En las frases g., i. y j. no es posible utilizar este refuerzo porque podría querer decir que esperamos que el objeto realice la acción solo (por ejemplo, que el calentador se encienda él solo); en estos casos, no estamos atribuyendo toda la acción al sujeto inanimado, sino simplemente culpándole de que nosotros no podemos realizar la acción bien debido a un defecto suyo.

a. *No he sido yo, se ha despegado solo.*
b. *No, señor, se estrelló solo.*
c. *No, yo no disparé, la escopeta se disparó sola.*
d. *Yo no he sido, se ha derramado sola.*
e. *Yo no estropeé el tocadiscos, se estropeó solo.*
f. *Yo no la he descolocado, se ha descolocado ella sola.*
g. *Es que no se apagan bien.*
h. *Pero si se ha roto solo.*
i. *Es que no se enciende, está estropeado.*
j. *Es que este paquete no se abre bien.*

VI. Dimes y diretes.

pág. 82

Las cinco palabras que aparecen al principio están relacionadas con el mundo del toreo. Del lenguaje taurino se han tomado numerosas expresiones que han pasado a ser frases hechas comunes en el español hablado. Las siete que ofrecemos son algunas de las más utilizadas.

Cuando los alumnos busquen el significado de las expresiones en el diccionario, el profesor puede aprovechar el momento, si cree que es necesario, para enseñar a localizar este tipo de frases, que en la mayoría de los diccionarios de español se encuentran en la entrada del primer sustantivo, si lo hay, y si no lo hay, del verbo. En cuanto a su orden dentro de las distintas acepciones, suelen aparecer al final.

Al buscar las equivalencias de las expresiones subrayadas en la carta de dimisión con las expresiones taurinas, el profesor deberá indicar a sus alumnos que nunca estas frases hechas podrían utilizarse en un contexto formal como el que presentamos.

Se trata, por tanto, de buscar equivalencias de significado, pero en ningún caso podrían sustituir a las que aparecen en la carta.

> Haciendo caso omiso de = *saltándose a la torera*; delegar en mí la responsabilidad en lugar de enfrentarse con mis subordinados = *ver/mirar los toros desde la barrera*; burlándose de mí = *toreándome*; apoyarme en esos duros momentos = *echarme un capote*; arruinó definitivamente = *dio la puntilla a*; habiendo llegado al agotamiento físico y mental = *estando para el arrastre*; dimitir de mi cargo = *cortarme la coleta*.
>
> Al convertir la carta en un relato informal, dirigido a un amigo, sí se pueden utilizar las expresiones taurinas en el contexto adecuado.

VII. A tu aire.

1. Los diez mandamientos.

pág. 83

Antes de escuchar la canción, los alumnos deberán leer el texto de los diez mandamientos hasta comprenderlo en su totalidad. Como el lenguaje utilizado es un tanto especial, necesitarán la ayuda del profesor en expresiones como «tomar el nombre de Dios en vano» o «santificar las fiestas».

El texto original de la canción es el siguiente:

«Los diez mandamientos santos / te vengo a cantar, paloma,
para que de mí te acuerdes / y me tengas en memoria.
El primero, que es amar, / que es amar,
te tengo en el pensamiento / y no te puedo olvidar.
El segundo no jurar, que yo juré / más de dos mil juramentos
sólo por hablar contigo / dos palabras en secreto.
En el tercero, la misa / no la oigo con devoción
sólo por pensar en ti, / prenda de mi corazón.
En el cuarto no faltar, que yo falté / a mis padres el respeto
sólo por hablar contigo / palabras de casamiento.
En el quinto, no matar, / a nadie he matado yo;
señora, yo soy el muerto / y usted la que me mató.
En el sexto, si al balcón, si al balcón, / sales y te metes dentro,
y haces pecar a los hombres / en el sexto mandamiento.
Y en el séptimo, no hurtar, / yo no he hurtado nada a nadie,
sólo he hurtado a una chica / con permiso de sus padres.
Octavo, no levantar, no levantar / falso testimonio a nadie,
como a mí me lo levantan / las mocitas de tu calle.
Noveno, no desear, no desear / ninguna mujer ajena,
como yo la he deseado / por acostarme con ella.
Décimo no codiciar, no codiciar, / yo no vivo codiciando,
porque lo que yo codicio / es un matrimonio honrado.
Y estos diez mandamientos, / niña, se cierran en dos:
nos vayamos a la iglesia, / nos echen la bendición.»

Los mandamientos con los que ha cumplido son: el primero, el quinto, el octavo y el décimo. Con el resto no ha cumplido por una u otra razón.

I. ¿Tú qué crees?

pág. 85

En las dos fotos de la izquierda aparecen: arriba, Felipe González (primer presidente de un gobierno socialista, elegido por primera vez en 1982, en el Parlamento); abajo, manifestaciones populares anteriores a la II República.

Las de la derecha muestran, de arriba a abajo: La proclamación de la II República, soldados en la Guerra Civil, y el general Franco durante una manifestación en la Plaza de Oriente, de Madrid.

El orden cronológico es:

II. Con textos.

1. Las últimas horas.

pág. 86

D. Con este ejercicio se trata de potenciar el aprendizaje de vocabulario a través del conocimiento de otras palabras de la misma familia y del contexto. Por ello, ha de intentarse hacer sin diccionario. Se presupone el conocimiento de las palabras: *asustar, crecer, privar, raro, pena, vestir, ira, consumir, cotidiano, cliente, prisa y ansia.*

E. a. **2**; b. **1**; c. **2**; d. **2**; e. **1**; f. **2**.

F. **salud:** *sarna, tiña, desnutrición, parásitos.*
vivienda: *hacinamiento, refugios.*
alimentación: *sopicaldo, víveres, aguachirle, desnutrición, ración, potaje.*
ropa y calzado: *alpargatas.*

2. Mesocracia.

A. **a.** Si no existen materiales disponibles en español para hacer estas pequeñas investigaciones, los estudiantes pueden utilizar libros en su lengua materna. Lo importante es que se familiaricen con temas que van a ser tratados en el texto.

B. Fundamentalmente, en que no estaba basado en ideología alguna.

C. Según el autor, esos valores son:

— *aspiración a la tranquilidad.*
— *necesidad de apariencia.*
— *el orden.*
— *la autoridad.*
— *admiración de la grandeza aristocrática.*

En el texto tercero, «Apuntes sobre la transición política», habla Adolfo Suárez de las libertades que se recuperaron con la democracia (por tanto, se habían suprimido en la época franquista), que son: las libertades de expresión e información, los derechos de asociación y reunión, la existencia de partidos políticos y el derecho a la elección de gobernante mediante votación.

3. Apuntes sobre la transición política.

A. Por orden cronológico: *desmilitarización, el Rey renuncia a sus derechos en favor de una monarquía parlamentaria, implantación de libertades, legalización del PCE, aprobación de la nueva Constitución.*

B. Ver cuadro histórico (apartado **4**).

C. Ver cuadro histórico (apartado **4**).

TRANSCRIPCIÓN DE LA GRABACIÓN

La Constitución fue aprobada en referéndum en 1978, y al año siguiente, en 1979, se celebraron las segundas elecciones generales, en las que venció de nuevo Unión de Centro Democrático.

El presidente centrista, Adolfo Suárez, se mantuvo en el poder hasta el mes de febrero de 1981, fecha en que dimitió.

Pocos días después, y antes de que tomase posesión el nuevo presidente, se produjo un hecho que mantuvo a los españoles pendientes de la televisión y sobre todo de la radio. Era el 23 de febrero, día en que los oyentes pudieron escuchar esto en sus aparatos receptores:

«— ¡Quieto todo el mundo!
— ¡Silencio!
— ¡Silencio todo el mundo!
— ¡Al suelo!
— ¡Al suelo todo el mundo!
— Quietos, señores diputados.
— ¡Al suelo, al suelo! ¡Al suelo todo el mundo!
— ¡Al suelo, al suelo! ¡Abajo!»

Era el asalto al Congreso efectuado por un grupo de guardias civiles a las órdenes del teniente coronel Tejero.

(Fragmento de «Los medios de comunicación ante la democracia», «Panorama de España», Radio Nacional de España)

 E. (1) 1976; (2) 1978; (3) civil; (4) voluntad; (5) Rey; (6) Fundamentales del Régimen; (7) parlamentaria; (8) soberanía; (9) expresión; (10) información; (11) asociación; (12) reunión; (13) partidos políticos; (14) amnistía; (15) opinión; (16) Comunista; (17) Proyecto de Ley para la Reforma Política; (18) referéndum; (19) 1976; (20) electoral; (21) elecciones; (22) 1977; (23) Constitución; (24) consenso; (25) 1978.

4. España en el siglo XX. Algunas fechas. pág. 93

Se ofrece aquí un listado de los acontecimientos más importantes en la historia de la España del siglo XX, que puede servir como referencia para la lectura de los textos. Al mismo tiempo, la última etapa será completada por los estudiantes con la ayuda de la lectura del texto **Apuntes sobre la transición política** y la audición de un fragmento de Radio Nacional de España sobre el golpe de Estado del 23 de febrero de 1981.

1976	Elaboración y aprobación del Proyecto de Ley para la Reforma Política. Ratificación en referéndum.
1977	Decreto Ley de Régimen Electoral. Primeras elecciones libres.
1978	Aprobación de la Constitución.
1979	Segundas elecciones generales.
1981	Dimisión del primer presidente del gobierno de la democracia, Adolfo Suárez. Intento de golpe de Estado (23-F).
1982	Terceras elecciones generales. Primera victoria del Partido Socialista Obrero Español.

III. Palabra por palabra.

pág. 94

1. La palabra «anarquista» puede usarse referida a persona, pero se usa también como adjetivo referido a objetos e ideas. Por ello no se incluye en el cuadro.

Nombre de forma de gobierno o dominio	Nombre referido a persona	Adjetivo
burocracia	burócrata	burocrático
mesocracia	mesócrata	mesocrático
jerarquía	jerarca	jerárquico
monarquía	monarca	monárquico
oligarquía	oligarca	oligárquico
anarquía		anárquico
aristocracia	aristócrata	aristocrático
democracia	demócrata	democrático
plutocracia	plutócrata	plutocrático

2. El objetivo de esta actividad es que los estudiantes se fijen en los esquemas acentuales que se repiten en las palabras con esta formación y que son diferentes en otras lenguas en las que se utilizan las misma palabras.

■ a-ia	■ a-i-a	■ a-a	■ o-a-a	■ a-i-o
mesocracia	oligarquía	jerarca	aristócrata	burocrático
burocracia	jerarquía	monarca	burócrata	mesocrático
aristocracia	monarquía	oligarca	demócrata	jerárquico
democracia	anarquía		plutócrata	monárquico
plutocracia			mesócrata	oligárquico
				anárquico
				aristocrático
				democrático
				plutocrático

IV. ¡Lo que hay que oír!

pág. 95

Aunque en el texto de la grabación se dice que desde la salida de Perón en 1955 hasta su vuelta en 1974 sólo hubo gobiernos dictatoriales en Argentina, lo cierto es que se alternaron en esta época breves períodos de dictadura militar con otros más amplios de democracia, como puede comprobarse en el cuadro histórico de **V. Materia prima** de esta unidad.

2. (1) 1930 / los años 30; (2) 1945; (3) Perón; (4) Perón; (5) vacas gordas; (6) paternalista; (7) 1955; (8) Perón; (9) exilio; (10) dieciocho; (11) Perón; (12) junta; (13) 1976; (14) siete; (15) torturas; (16) desapariciones; (17) creció; (18) hipotecado; (19) trágico; (20) las Malvinas; (21) 1983; (22) Radical; (23) dictadores; (24) carapintadas; (25) económico; (26) peronista; (27) sesenta.

TRANSCRIPCIÓN DE LA GRABACIÓN

El primer bando militar sonó allá por los años 30. La aventura golpista se repetiría por décadas como un eco espasmódico, la mayor parte de las veces apoyado desde sectores civiles. En 1945 el general Perón trajo la ilusión, pero también las diferencias. Eran años de vacas gordas que el militar aprovechó en un proyecto paternalista que terminó llevándole al exilio diez años después.

Pasaron 18 hasta que un Perón, renovado en sus ideas pero viejo en sus gestos, fue recibido de nuevo por un país hambriento de líderes. Pero ya la violencia, por la derecha y por la izquierda, se había adueñado de las calles argentinas.

1976: Videla y su junta se hacen con el poder. Comenzaron siete años de secuestros, torturas; desaparecieron miles de. ciudadanos; la deuda exterior creció y se hipotecó el país. Como trágico colofón, una aventura bélica: las Malvinas. La derrota trajo la caída de la dictadura.

La democracia llegó en 1983, con el radical Raúl Alfonsín; logró sentar en el banquillo a los dictadores, pero no supo, o no pudo, dar respuestas en el orden económico. De todas maneras logró, pese a las revueltas carapintadas, marcar un hito histórico: por primera vez en más de 60 años, un gobierno civil le entregaba el bastón de mando a otro de distinto color político. Era el peronismo que volvía a enamorar, de la mano de Carlos Menem, quien prometía: «¡Síganme! ¡No los voy a defraudar!

—¡Síganme, que no los voy a defraudar!

(Fragmento del documental «Érase una vez un país...», producido por TVE-1)

V. Materia prima.

1. Grupos verbales que sirven para expresar el fin de una acción.

pág. 96

A. **a.** régimen bipartidista; **b.** un régimen comunista; **c.** los militares - diez; **d.** dictadura militar; **e.** una guerra civil; **f.** golpes de estado; **g.** el ejército; **h.** mexicana; **i.** la democracia - golpes de estado - dictaduras; **j.** tres.

B. Con infinitivo: *acabar por, venir a, dejar de, llegar a, terminar por, acabar de*; con gerundio: *terminar, acabar*; con participio: *llevar*.

**2. Contar una historia.
¿Pretérito imperfecto
o pretérito indefinido?**

pág. 98

1. mermó la población - asoló campos y hogares - no encontraba (también sería posible «encontró», con lo cual se indicaría más bien que el padre había ya abandonado la búsqueda, pero en el original se usa el imperfecto) trabajo - se convertía en teatro - se restauraron y engalanaron - asistió ese día al espectáculo.

2. se encontraba un pintoresco oriental - decidió acudir al frontón Kursaal - se desarrollaron vertiginosamente - huyó del lugar - resultaron ilesos - se le ofrecía la cantidad de 100.000 pesetas.

3. se detuvo en el Nuevo Café de Levante - se tradujo al francés - entusiasmó al soberano - debía separarse de su familia - permaneció en la India diecinueve años - concernía al mundo de las mujeres.

VI. Dimes y diretes.

pág. 100

En este apartado se pretende estudiar las colocaciones más frecuentes adoptadas por algunos adverbios en **-mente**, que suelen combinarse preferentemente con ciertos adjetivos o con ciertos verbos y no con otros, aunque su significado sea casi igual. Serían posibles quizás otras combinaciones diferentes de las que ofrecemos como solución, pero resultarían más extrañas y menos frecuentes.

1. *negarse rotundamente; encomendar encarecidamente; reducir drásticamente; contribuir decisivamente; resolverse satisfactoriamente; plenamente satisfecho; tremendamente conflictivo; sobradamente conocido; terminantemente prohibido; diametralmente opuesto; profundamente conmovido; sensiblemente mermado.*

2. a. *tremendamente*; b. *drásticamente*; c. *profundamente*; d. *diametralmente*; e. *plenamente*; f. *sensiblemente - terminantemente*; g. *rotundamente*; h. *satisfactoriamente*; i. *decisivamente*.

VII. A tu aire.

1. Las diez pistas.

pág. 101

Ejemplo:

1. *Es doctor en Leyes.*
2. *Estudió en un colegio de jesuitas.*
3. *Es hijo de un rico propietario español.*
4. *Residió en Nueva York y en México.*
5. *Fue condenado a quince años de prisión, pero no cumplió su condena.*

6. *Vive en una isla.*
7. *Hizo un discurso titulado «La Historia me absolverá».*
8. *Lleva barba.*
9. *Fuma puros.*
10. *No es militar, pero siempre va vestido de militar.*

El personaje es **Fidel Castro.**

2. Todos los hechos son reales. El último aparece relatado en la revista «Muy Interesante», número 127; el resto, en «El libro de lo increíble», publicado por «Muy Interesante». No es conveniente que el profesor se lo diga a los estudiantes hasta que estos no los hayan leído todos y hayan discutido sobre la verosimilitud de las anécdotas.

3. Si fulano levantara la cabeza...

pág. 102

La elección de los personajes dependerá de los intereses y los conocimientos de los estudiantes. El profesor puede asignar un personaje a cada grupo o dejarlo a la libre elección de los estudiantes, que deberán tener en cuenta los conocimientos de sus compañeros.

UNIDAD 7
SOBRE GUSTOS...

II.   Con textos.

1.   El pintor y su obra.

pág. 104

A-1; B-5; C-4; D-2; E-6; F-7; G-3.

2.   Museos gratuitos.

pág. 106

A.   En España, con la llegada al Gobierno del Partido Socialista Obrero Español, los museos del Estado comenzaron a ser gratuitos para todos los españoles (no para los extranjeros). En el año 1992 el Ministerio de Cultura propuso cobrar una entrada también a los españoles; hubo bastante polémica, de la que son representativos estos artículos. Finalmente, en 1994, con el mismo partido en el Gobierno, se puso en marcha esta medida.

B.   Las respuestas de los estudiantes en este apartado no tienen por qué coincidir con los argumentos de los textos, aunque sí deben ser coherentes con el comienzo de la frase.

ORIENTATIVA

C.   **a favor**

— La belleza no (se debe pagar, no tiene precio).
— Si hay que pagar, mucha gente (no podrá entrar en los museos).
— Que pague todo el mundo es contraproducente, porque precisamente (la gente que más necesita conocer y apreciar el arte es la que menos dinero tiene).

en contra

— Si se paga, la gente (apreciará más lo que ve).
— Si es gratis, mucha gente (se siente obligada a ir, aunque en realidad no aprecie el arte).
— La entrada debe ser gratuita solamente (algún día a la semana, y siempre para todas las personas relacionadas con el mundo de la pintura).

3. Sobre literatura y realidad.

pág. 108

A. Antes de comentar los fragmentos de las novelas de **G. García Márquez**, sería adecuado hablar de las diferencias, en las artes, entre términos como *fantástico* e *inverosímil*, o *real* y *realista*. No ofrecemos claves porque, en muchos casos, la percepción de una narración como *verosímil* o *inverosímil* es bastante subjetiva, y precisamente en ello se basará la discusión de los fragmentos en clase.

B. Se refiere a los escritores hispanoamericanos.

C. (1) *sacudida*; (2) *estampidos*; (3) *aguaceros*; (4) *lava*; (5) *invulnerable*; (6) *delirio*; (7) *profusa*; (8) *sincretismo*; (9) *encrucijada*; (10) *prófugos*; (11) *estigma*; (12) *recorte*; (13) *había escabullido*; (14) *reja*; (15) *forrar*; (16) *péndulo*.

D. Algunos episodios de las novelas seguirán mereciendo, a pesar de estas explicaciones del novelista, la consideración de fantásticos.
En cuanto a las semejanzas, uno de los fragmentos, el de «Cien años de soledad», es el mismo al que se alude en el artículo; el segundo fragmento de «El otoño del patriarca» se parece bastante a la anécdota narrada en el artículo sobre el doctor Duvalier, y en general, todos los episodios guardan una relación con los hechos del artículo en su condición de inverosimilitud, de realidad desmesurada, de hechos de un mundo imaginado, a veces cruel y sangriento, donde las fronteras entre lo real y lo irreal se desdibujan.

E. La explicación es la misma que en la respuesta anterior: el movimiento se llamó así por la impresión de imaginación y fantasía que produce, pero, al mismo tiempo, guardando cierta relación con hechos reales del mundo americano, que vistos desde otros lugares parecen imaginarios.

III. Palabra por palabra.

pág. 110

1. CINE: *pantalla, guión, primer plano.*
TEATRO: *palco, telón, escenario, vestuarios, apuntador, candilejas, tramoyista, bastidores.*
LOS DOS: *acomodador, butaca, taquilla, patio de butacas, cartel, focos.*

Algunas palabras que se pueden añadir: *toma, proyector, claqueta, espectadores, extras, protagonista, primer actor, primera actriz, bambalinas, decorados, foso,* etc.

2. Es importante que los estudiantes no utilicen el diccionario bilingüe, sino que intenten entender las definiciones en español. Si el profesor quiere ganar tiempo, puede preparar las definiciones del diccionario en dos listas separadas y dárselas a cada pareja, que sólo se encargará de buscar la relación.

> *desagüe* - canalón (para evacuar agua)
> *cornisa* - alféizar (salientes)
> *tabique* - muro (tipos de pared)
> *zócalo* - rodapié (adornos de la pared)
> *tablero* - panel (tipos de planchas)
> *dintel* - quicio (partes de una puerta)
> *azotea* - buhardilla (partes altas de una casa)

IV. ¡Lo que hay que oír!

pág. 112

En el resumen hay nueve datos falsos:

— Fernando Botero no «estudió varios cursos con el profesor Rafael Sáenz», sólo recibió algunas indicaciones suyas.

— En la Academia de Bellas Artes de San Fernando no había poco ambiente de trabajo, había «ambiente de trabajo» (lo que implica que se trabajaba bastante).

— No le pesa pintar rápidamente, al contrario, pues él dice «afortunadamente».

— El radiador no era para calentarse él, sino la modelo.

— El profesor Julio Moisés no era «magnífico», sino «pésimo» como pintor.

— Sobre las palabras del profesor, Fernando Botero no dice que no le sorprendieran, sino que no le marcaron.

— El profesor italiano no les enseñó «durante varios días», pues sólo acudió el primer día del curso.

— Pietro Coracci no les enseñó a preparar la pintura, sino a preparar las paredes para pintarlas.

— No dice que su aprendizaje haya sido «un juego», sino «a sangre y fuego», es decir, durísimo.

TRANSCRIPCIÓN DE LA GRABACIÓN

PRESENTADORA. Pero... ¿y estudios?

FERNANDO BOTERO. Estudios, ¿estudios de pintura? Bueno, la verdad es que yo fui autodidacta hasta ese momento, con excepción de unas pocas veces que visité a Pe..., a Rafael Sáenz, que era profesor y que, bueno, me dio algunas indicaciones, pero no se puede decir que yo hice estudios de pintura antes de que..., yo fui autodidacta, y en el fondo me considero autodidacta hoy en día, porque yo sí estudié en la Academia de Bellas Artes de San Fernando un año, pero yo no vi, nunca vi al profesor.

P. Entonces eso no fue estudiar.

F. B. Entonces, pues eso no es estudiar. Yo fui a la Academia, había un ambiente de trabajo allí, había una modelo, todo el día trabajaba con la modelo, bueno, pero una vez, pues como yo pinto bastante rápido, afortunadamente, una vez terminé la modelo pues mucho más pronto que los demás, mucho más rápido que los demás. Entonces me puse a pintar el radiador pues con que se calienta la modelo en invierno, y entonces ese día el profesor, que se llamaba don Julio Moisés, pésimo pintor...

P. ¡Además...!

F. B. ...llegó y me dijo: «No hay que ser tan realista». Porque yo estaba pintando el radiador de al lado de la modelo. Y eso fue las palabras que oí en España un año. Fui a España a oír esas tres palabras.

P. Bueno, pero, un momentico, ¿lo marcaron esas tres palabras?

F. B. No, en absoluto, no, soy autodidacta. Después, en Italia, igualmente. Yo estudié pintura al fresco en Florencia, y el primer día que llegamos, don Pietro Coracci, que se llamaba el profesor, nos dijo: «Para hacer fresco hay que mezclar cal, arena...», tal, tal, y hay que hacer pues esto. «Preparen la pared y pinten». Y no lo volvimos a ver nunca. Total, pues que en realidad, pues yo soy autodidacta.

P. Pero... ¿ésa fue toda la enseñanza al fresco?

F. B. Toda la enseñanza al fresco fue ésa. La verdad es que a pintar se aprende pintando y haciendo errores y leyendo y mirando museos, pero sobre todo pintando. Entonces, la verdad es que mi aprendizaje fue a sangre y fuego, es decir, fue «the hard way».

P. Bueno, pero, un momentico, Fernando, haber llegado a la perfección de pincelada que tiene usted, le tiene que haber implicado, para llegar a esa técnica depurada que tiene en este momento, no solo la cantidad de cuadros que ha pintado, sino montones de ensayos, montones de experimentos...

F. B. Bueno, yo soy mucho más modesto, yo no creo que mis pinceladas sean perfectas, no, no, en absoluto, no, la verdad es que cuando uno conoce más y más la pintura, más se da cuenta que nunca uno puede decir que sabe pintar.

(«La cadena de las Américas», «Colombia»)

V. Materia prima.
Actividad

pág. 114

1.   a. *¡Lo lento que eres!*; b. *¡Lo tarde que se ha hecho!*; c. *No sé cómo te ha podido pasar con lo cuidadoso que eres*; d. *¡Lo bien que se lo pasa!*; e. *¡Con lo lejos que está tu pueblo! No vamos a poder ir*; f. *Con lo cerca que está tu pueblo y no vamos a poder ir / No vamos a poder ir a tu pueblo. ¡Con lo cerca que está!*; g. *Cuando me dijo lo tarde que era me di cuenta del tiempo que llevábamos hablando / de lo (mucho) que llevábamos hablando*; h. *Me gusta esa película por lo sincera que es*; i. *Con lo simpático que era antes y ahora se ha vuelto un antipático / Ahora se ha vuelto un antipático. ¡Con lo simpático que era antes!*; j. *Le felicitó por lo bien que lo había hecho*; k. *Con lo inteligente que es y lo poco que trabaja / Lo poco que trabaja. ¡Con lo inteligente que es!*; l. *¡Qué lástima no haber llegado a tiempo! ¡Con las ganas que tenía de verlo!*; ll. *Con lo que trabaja y lo poco que gana-el poco dinero que gana / Lo poco que gana-el poco dinero que gana. ¡Con lo que trabaja!*; m. *Con lo inteligente que eres y no entiendes nada de la vida / No entiendes nada de la vida. ¡Con lo inteligente que eres!*

2. **a.** FALSO, *pues pintaba directamente sobre la pared*; **b.** VERDADERO; **c.** VERDADERO; **d.** FALSO: *tuvo que hacerlo alguna vez porque le apoyó después de la Guerra Civil*; **e.** VERDADERO; **f.** VERDADERO, *pues en principio él quería ser pintor*; **g.** FALSO: *fue censor*; **h.** VERDADERO; **i.** FALSO: *desde su primera película: «El perro andaluz» intentaba provocar a la sociedad de su tiempo*; **j.** VERDADERO; **k.** FALSO: *fue fusilado al comenzar.* **l.** VERDADERO.

VI. Dimes y diretes.

pág. 115

a. *Sí*; b. *No (un «comediante» es alguien que finge emociones que no siente)*; c. *No («pintamonas» es un despectivo de «pintor»)*; d. *Sí*; e. *Sí*; f. *No («llevar la voz cantante» significa «ser el que domina un grupo»*; g. *Sí*; h. *Sí*; i. *Sí*; j. *Sí*; k. *No («no pintar nada» significa no tener ninguna función)*; l. *Sí*.

VII. A tu aire.

pág. 116

1. Entre las preguntas que sugerimos, el profesor puede escoger las que le parezcan más adecuadas a los conocimientos e intereses de su grupo, así como añadir otras. Otro procedimiento válido sería que los propios alumnos elaborasen preguntas, en casa o en clase, para el otro equipo.

PREGUNTAS (las respuestas se dan al final de cada pregunta, en negrita; las preguntas se dan agrupadas por temas para que el profesor seleccione las que quiere usar, pero es preferible que, durante el concurso, se hagan mezcladas):

Literatura

— Rodrigo Díaz de Vivar es más conocido como:

    a) *Don Quijote.*   b) *Sancho Panza.*   c) *El Cid.*
    d) *El Tenorio.*   **c.**

— «El ingenioso hidalgo Don Quijote de La Mancha» fue publicada en el siglo:

    a) *XV*   b) *XVI*   c) *XVII*   d) *XIX*   **XVII.**

— ¿Por qué género literario son famosos los escritores españoles *Miguel Hernández, Luis Cernuda, Blas de Otero y Vicente Aleixandre*? **Poesía.**

— ¿Por qué género literario son famosos los españoles *Miguel Delibes, Rosa Chacel, Camilo José Cela, Antonio Muñoz Molina y Ramón J. Sender?* **Novela.**

— ¿Cuáles de estos escritores españoles e hispanoamericanos han recibido el Premio Nobel de Literatura?

    a) *Vicente Aleixandre*   d) *Miguel Ángel Asturias*
    b) *Juan Ramón Jiménez*   e) *Gabriel García Márquez*
    c) *Camilo José Cela*   f) *Pablo Neruda*   **Todos.**

— ¿Cuál de estos géneros literarios es típicamente español?

   a) *poesía épica*
   b) *novela costumbrista*
   c) *novela de aventuras*
   d) *novela picaresca*

d.

— ¿Cuáles de estos autores pertenecen al llamado *Siglo de Oro de la literatura española (siglo XVII)?*

   a) *Luis de Góngora*
   b) *Jorge Manrique*
   c) *Francisco de Quevedo*
   d) *Rubén Darío*

a, c.

— De las siguientes obras de Federico García Lorca, ¿cuáles son libros de poemas y cuáles obras de teatro?

   a) *«Romancero gitano»*
   c) *«La casa de Bernarda Alba»*
   e) *«Poema del cante jondo»*
   b) *«Bodas de sangre»*
   d) *«Poeta en Nueva York»*

Libros de poemas: a, d, e.

— ¿Cómo se llama el poeta español que escribió estos versos: *«Caminante, no hay camino, / se hace camino al andar.»?*

Antonio Machado.

— ¿Cuáles de las siguientes novelas fueron escritas por el colombiano Gabriel García Márquez y cuáles por el cubano Alejo Carpentier?

   a) *«La consagración de la primavera»*
   b) *«Los pasos perdidos»*
   c) *«Crónica de una muerte anunciada»*
   d) *«El siglo de las luces»*
   e) *«El general en su laberinto»*
   f) *«El amor en los tiempos del cólera»*

G. G. Márquez: c, e, y f.

— El novelista Mario Vargas Llosa fue candidato a las elecciones presidenciales de su país, que es:

   a) *Argentina*   b) *Bolivia*   c) *Perú*   d) *Colombia*

c.

— ¿Cuáles de los siguientes escritores son mejicanos?

   a) *Julio Cortázar*
   b) *Carlos Fuentes*
   c) *Octavio Paz*
   d) *Jorge Luis Borges*
   e) *Juan Rulfo*

b, c, e.

— ¿Qué género literario practicaron todos estos escritores hispanoamericanos: *Gabriela Mistral, César Vallejo, Pablo Neruda, Jorge Luis Borges* y *Nicolás Guillén?*

Poesía.

— Relaciona cada novela con su autor:

a)	*«Pedro Páramo»*	1)	*Ernesto Sábato*	
b)	*«Rayuela»*	2)	*Julio Cortázar*	
c)	*«El túnel»*	3)	*Juan Rulfo*	**a-3, b-2, c-1**

— ¿**V** o **F**? Miguel de Cervantes escribió teatro, novela y poesía.   **V.**

— ¿Cuántas obras teatrales escribió Lope de Vega?

    a) *unas 1.500*   b) *unas 150*   c) *15*   **a.**

— ¿Cuál fue la obra teatral más famosa de José Zorrilla?

    a) *«El lazarillo de Tormes»*   b) *«Don Juan Tenorio»*
    c) *«La vida es sueño»*   **b.**

— ¿Cuáles de estas artes ha cultivado el español Rafael Alberti?

    a) *Pintura*   b) *Poesía*   c) *Teatro*   **Las tres.**

— ¿**V** o **F**? Miguel de Cervantes murió en la misma fecha que William Shakespeare, pero no el mismo día.   (**V**, pues en aquella época todavía Inglaterra y España tenían calendarios diferentes).

Música

— ¿A qué se parece una zarzuela?

    a) *a una ópera*   c) *a una opereta*
    b) *a una sinfonía*   d) *a un ballet*   **c.**

— ¿Qué otro nombre recibe la zarzuela?

    a) *género chico*   c) *ópera española*
    b) *música nacional*   d) *teatro musical*   **a.**

— ¿Por qué son conocidos los españoles Montserrat Caballé y Plácido Domingo? (Por ser **cantantes de ópera**, soprano y tenor respectivamente.)

— ¿Qué instrumento tocaba el músico español Andrés Segovia?   **La guitarra española.**

— ¿Cuál de estos nombres no corresponde a un famoso compositor español?

a) Manuel de Falla   c) Antonio Tapies
b) Joaquín Turina   d) Isaac Albéniz

c.

— ¿Cuál de las siguientes composiciones musicales fue escrita por el maestro Rodrigo?

a) «El amor brujo»   c) «El sombrero de tres picos»
b) «Sevilla»   d) «El concierto de Aranjuez»

d.

Escultura

— ¿A qué tipo de escultura se dedicaron los más famosos escultores españoles hasta el siglo XVIII?

a) imágenes religiosas   c) fuentes
b) retratos   d) ornamental

a.

— ¿De qué material son la mayoría de las esculturas españolas famosas?   **Madera.**

— ¿Cuáles son los relieves más famosos de la escultura precolombina?

a) los incas   b) los mayas   c) los aztecas

b.

— ¿Con qué rama artística relacionarías estos nombres de artistas españoles?: Eduardo Chillida, Julio González, Alberto Sánchez y Pablo Gargallo?   **Escultura.**

— ¿Qué palacio español es famoso por sus fuentes inspiradas en las de los jardines del palacio de Versalles (Francia)?   **El palacio de La Granja (Segovia).**

Cine

— ¿**V** o **F**? El cine llegó a España muy tarde: en 1921 se proyectó la primera película y hasta 1927 no se rodó en España.   (**F**, la primera proyección pública se hizo en 1896, y la primera película con argumento se rodó en 1897).

— Las industrias cinematográficas hispanoamericanas más consolidadas son las de:

a) México y Chile   b) México y Argentina
c) Argentina y Colombia

b.

59

— ¿**V** o **F**? Desde la creación del premio hasta 1994, España ganó dos veces el Oscar de Hollywood a la mejor película extranjera: con *Carlos Saura* y con *Luis Buñuel.* (**F**: lo ha ganado dos veces, pero con los directores José Luis Garci y Fernando Trueba).

— ¿Cuál de estas películas de José Luis Garci ganó el Oscar?

    a)   *«Solos en la madrugada»*   b)   *«Volver a empezar»*
    c)   *«Sesión continua»*   d)   *«Asignatura pendiente»*   **b.**

— Los siguientes títulos son de películas del español Luis G. Berlanga: *«El verdugo»*, *«Plácido»*, *«¡Bienvenido Mister Marshall!»*, *«La vaquilla»*. ¿A qué género, muy practicado en España desde los años cincuenta, pertenecen?

    a)   *Son películas de toreros*   b)   *Son comedias sociales*
    c)   *Son películas de misterio*   **b.**

— Dos de las últimas películas del director español *Carlos Saura* son escenificaciones de una obra de teatro de *Federico García Lorca* y de una famosa ópera francesa. ¿Podrías decir sus títulos? **Bodas de sangre** y **Carmen.**

— Completa el siguiente título de una película del director español Pedro Almodóvar: *«Mujeres al borde...»* **...de un ataque de nervios.**

— ¿Cuál es el verdadero nombre del actor mejicano apodado *«Cantinflas»*?

    a)   *Pedro Moreno*   b)   *Mario González*
    c)   *Mario Moreno*   d)   *Pedro González*   **c.**

— ¿Cuáles de las siguientes películas fueron dirigidas por Pedro Almodóvar?

    a)   *«Pepi, Luci, Bom, y otras chicas del montón»*
    b)   *«¿Qué he hecho yo para merecer esto?»*
    c)   *«Matador»*
    d)   *«Las chicas de la Cruz Roja»*   **a, b** y **c.**

— Luis Buñuel rodó en España la película *«Tristana»*, en Francia *«Belle de jour»* y en México *«El ángel exterminador»*. ¿De dónde era?

    a)   *mexicano*   b)   *español*   c)   *francés, pero de padres españoles*   **b.**

— A la muerte de Franco surgió en España una corriente de cine que se conoció como el *«destape»*. ¿En que consistía?

    a) *En desvelar en las películas la corrupción del régimen anterior.*
    b) *En hacer películas pornográficas.*
    c) *En añadir escenas de sexo en las películas.*
    d) *En hacer películas de crítica social.*   **c.**

Pintura

— El pintor español Francisco de Goya se quedó:

    a) *ciego*   b) *manco*   c) *sordo*   d) *mudo*   **c.**

— ¿Qué pintor español pintaba en sus cuadros relojes blandos?   **Salvador Dalí.**

— ¿Qué pintor mejicano estuvo casado con la también pintora Frida Kahlo?

    a) *Fernando Botero*   b) *Diego Rivera*   c) *Emilio Orozco*   **b.**

— ¿En qué siglo pintó el español Diego Velázquez?

    a) *XVI*   b) *XVII*   c) *XVIII*   d) *XIX*   **b.**

— ¿Cuáles de los siguientes cuadros fueron pintados por el español Pablo Picasso?

    a) *«Las señoritas de Avignon»*   b) *«Guernica»*
    c) *«Las hilanderas»*   d) *«Los fusilamientos de la Moncloa»*   **a** y **b**.

— ¿Qué pintor colombiano ha dedicado más de cien cuadros al tema de las corridas de toros?

    a) *Rufino Tamayo*   b) *Emilio Orozco*   c) *Fernando Botero*   **c.**

Arquitectura

— ¿En qué edificio se cree que está enterrado el apóstol Santiago? (En la catedral de **Santiago de Compostela**, en Galicia.)

— ¿En qué siglo se fundó el edificio de la Universidad de Salamanca?

    a) *XII*   b) *XIII*   c) *XIV*   d) *XV*   **b.**

— ¿Cuál de los siguientes edificios, proyectados por el arquitecto modernista Antoni Gaudí, está aún inacabado?

    a)   *La Sagrada Familia, de Barcelona*
    b)   *La casa «El Capricho», de Comillas (Cantabria)*
    c)   *La casa Batlló, de Barcelona*   **a.**

— ¿Cuántos lugares de interés arqueológico por sus ruinas precolombinas hay en México?

    a) *unos 110*   b)   *unos 1.100*   c)   *unos 11.000*   d)   *unos 111.000*   **c.**

— ¿En qué ciudad de Guatemala se encuentran las más importantes muestras de arquitectura renacentista y barroca de estilo español?

    a)   *Ciudad de Guatemala*   b)   *La Antigua*
    c)   *Chichicastenango*   **b.**

— ¿**V** o **F**? La famosa plaza de la Constitución, llamada «El Zócalo», de Ciudad de México, fue construida por los españoles sobre los templos y palacios de Tenochtitlan, la capital maya.   **(F**: fue construida sobre esa ciudad, pero era la capital azteca.)

— El edificio del Gobierno Nacional de Argentina, en Buenos Aires, se llama, por el color de sus muros:

    a)   *La Casa Verde*   b)   *La Casa Gris*
    c)   *La Casa Rosada*

                                                          c.

— ¿En qué país está la famosa ciudadela inca del *Machu Picchu*?

                                                     En Perú.

— La sede del gobierno chileno, construida en el siglo XVIII en Santiago de Chile, se llama *Palacio de la Moneda* porque:

    a)   *se construyó para fabricar monedas allí*
    b)   *allí guardaban los españoles el oro que después se llevaban a España*
    c)   *la imagen de este edificio aparece en todas las monedas chilenas.*   **a.**

— ¿Cuáles de los siguientes monumentos españoles fueron construidos por los musulmanes en la Edad Media?

    a)   *La Alhambra (Granada)*   b)   *La mezquita de Córdoba*
    c)   *La Giralda (Sevilla)*   **a, b y c.**

— ¿Los romanos construyeron estos edificios en España?

    a)   *un acueducto en Segovia*

    b)   *un circo en Bilbao*

    c)   *un teatro en Mérida*   **sólo a** y **c.**

— ¿En cuáles de estas ciudades hay una catedral gótica?

    a) *Madrid*   b) *Murcia*   c) *Burgos*   d) *León*   **c** y **d.**

2. Poema

pág. 116

La forma especial del poema corresponde a los llamados *versos acrósticos*: leyendo la primera letra de cada verso en vertical aparece un nombre, una frase, etc. Para el trabajo en grupo, quizá sea mejor emplear el verso libre, sin rima ni medida, para facilitar el trabajo; no obstante, si algún grupo quiere intentar utilizar la rima, el resultado final seguramente será más gratificante. En cuanto a los nombres sobre los cuales construirán los versos, puede tratarse de conceptos abstractos, como *amistad, paz, amor,* etc., o bien de nombres de miembros de la clase (siempre que no tengan letras poco frecuentes en español, como **K** o **W**), nombres de ciudades o países (los de los miembros de la clase), etc.

UNIDAD 8
DE TAL PALO...

I. ¿Tú qué crees?

pág. 117

Para cuando se te vayan de casa.

Actualmente, los jóvenes españoles se suelen independizar tarde, entre los 25 y los 30 años. Normalmente viven con sus padres hasta que se casan.

El **te** que aparece en el lema del anuncio tiene un valor afectivo, de participación interesada en la acción de otra persona que no es el sujeto de la oración. En este caso ese **te** va referido al padre o la madre, y la oración *para cuando se te vayan* puede ponerse en relación con el sentido familiar de los españoles, que puede ser diferente del. de los alumnos.

Disfrute ahora de su tiempo libre.

La edad de jubilación obligatoria es ahora mismo en España la de 65 años, aunque en algunos casos se ofrece la posibilidad de jubilación anticipada a partir de los 60, y en otros la de retrasarla hasta los 70.

Además de las preguntas formuladas, si se desea aprovechar más el texto, se pueden hacer otras como: *¿Qué materias de las que se ofrecen te parecen interesantes para una persona de esa edad? ¿Se te ocurren otras?*

II. Con textos.

1. Ser joven hoy.

pág. 119

Antes de leer el texto o antes de la actividad **B**, se puede pedir a los alumnos que, en grupos, busquen los cinco adjetivos que mejor definen a la juventud de su país. Después se podrá comparar con la juventud española y comentar cuáles son las diferencias y a qué pueden deberse.

A. **Trabajo:** 8 % - 4 % - 6 % - 3 % - seguros, tranquilos, esperanzados.
Política: 20 % - 50 % - 45 % - 18 % - apolíticos - politizados, interesados por la política.
Pareja: 44 % - 61 % - conservadores, puritanos.

2. La última almendra.

A. Las tres frases contienen temas que aparecen en el primer párrafo del texto. La preferencia por una u otra como más representativa del párrafo es una cuestión de gustos o interpretación personal.

B.

PROBLEMAS DE LA VEJEZ	POSIBLES SOLUCIONES	PERO...
La vejez es improductiva.	Prolongar su vida laboral.	No hay suficiente trabajo.
Los viejos se sienten inútiles.	Prepararlos con tiempo para el cese.	Lo que importa es la productividad y si no producen, estorban.
Los viejos se sienten solos y necesitan cuidados.	Sus hijos pueden llevarles a su casa.	Tienen su propia vida.
	Pueden quedarse en su propia casa y ser atendidos por un asistente social.	Los jóvenes necesitan casas.
	Se les puede llevar a los asilos.	Suelen funcionar mal.

C. Los maduros (no son conscientes de que también serán viejos).

Los más jóvenes (ven la vejez demasiado lejana y no se les ocurre prepararse para ella).

Probablemente ignoramos los problemas de la vejez porque (la vemos como una desgracia en la que no queremos pensar).

Hay que afrontar el problema de la vejez porque (nos va a llegar a todos, cada vez habrá más viejos y por tanto más problemas).

D. *a hurtadillas:* furtivamente, sigilosamente; *fruición:* gusto, deleite; *desgana:* pereza, hastío; *mueca:* expresión, gesto; *cese:* jubilación, despido; *tramado:* dirigido, encaminado; *postrer:* último, desesperado; *altivo:* orgulloso, digno; *zafarse:* evadirse, librarse; *Acaso:* tal vez, puede que; *pesadeces:* tontería, manía; *se darían con un canto en los dientes:* contentarse (con), matarse por; *se desplomase:* caerle a uno encima, llegar; *viraje:* cambio, revés.

E. Se refiere a la muerte. Algunos eufemismos usados en español para evitar la palabra «muerte» son: *fallecimiento, óbito, deceso, defunción, finamiento* y *perecimiento*, todos ellos de uso exclusivo del lenguaje público o formal.

F. La sociedad impide que personas mayores, aún válidas, trabajen.

III. Palabra por palabra.

pág. 124

1. *Viejo, antiguo, anciano* y *anticuado* se usan frecuentemente, referidos a personas, como sustantivos (*Mi padre es un anticuado: quiere que estemos en casa a las nueve*). Además, la palabra *antiguo* tiene otras peculiaridades: usado **como sustantivo** y referido a una persona, quiere decir *que tiene ideas anticuadas, pasadas de moda*; **como adjetivo**, referido a persona y colocado delante del nombre, no implica edad avanzada, sino que habla de algo ya pasado (*un antiguo novio* implica que fue su novio, pero ya no lo es) o de algo que viene desde el pasado (*un antiguo cliente* es un cliente desde hace tiempo). En estos dos últimos sentidos puede utilizarse también *viejo* (*un viejo amigo*), también delante del nombre.

Arcaico puede tomar también en el contexto el sentido de *anticuado*; en cambio, *remoto*, no.

Arcaico y *decrépito* representan valores extremos y, por tanto, no son usuales con el adverbio *muy*.

A. *mayores/viejas/ancianas - anticuadas/trasnochadas*; B. *arcaicos/remotos/antiguos*; C. *viejo/mayor/envejecido*; D. *arcaica/antigua*; E. *anticuado/trasnochado*; F. *antiguos*; G. *viejo/mayor - senil*.

2. Estos adjetivos se usan aplicados a:

<table>
<tr><th></th><th colspan="2">Personas</th><th colspan="2">Nombres</th></tr>
<tr><th></th><th>Aspecto físico</th><th>Carácter</th><th>Concretos</th><th>Abstractos</th></tr>
<tr><td>*Infantil*</td><td></td><td>+</td><td>+</td><td>+</td></tr>
<tr><td>*Pueril*</td><td></td><td></td><td></td><td>+</td></tr>
<tr><td>*Aniñado*</td><td>+</td><td></td><td></td><td></td></tr>
<tr><td>*Juvenil*</td><td>+</td><td>+</td><td>+</td><td>+</td></tr>
</table>

Y además, hay que tener en cuenta que se usan:

<table>
<tr><th></th><th>En la edad apropiada</th><th colspan="2">Fuera de la edad apropiada</th></tr>
<tr><th></th><th>Siempre</th><th>Con sentido positivo</th><th>Con sentido negativo</th></tr>
<tr><td>*Infantil*</td><td>+</td><td></td><td>+</td></tr>
<tr><td>*Pueril*</td><td></td><td></td><td>+</td></tr>
<tr><td>*Aniñado*</td><td></td><td>+</td><td>+</td></tr>
<tr><td>*Juvenil*</td><td>+</td><td>+</td><td></td></tr>
</table>

IV. ¡Lo que hay que oír!

pág. 126

Antes de trabajar con la canción, explique los términos *pulla* y *malaje*, advirtiendo que son de uso restringido, para no entorpecer la comprensión del texto.

> *tomó - solito - interior - aprecio - señor - fallar - razón -*
> *resguardarme - otorgó - maldición.*

TRANSCRIPCIÓN DE LA GRABACIÓN

Cuando era enano me tomó
la mano y me la besó.
Mi madre me enseñó
primero a caminar:
«Solo, solito andarás»,
y me hacía comer mirando un ascensor
que había en el patio interior,
y a querernos los dos;
mi madre me enseñó
a no llorar en el colegio
cuando ella no podía estar,
a distinguir entre el aprecio
que las personas me pudieran dar.
Mi madrecita me enseñó
a ver la vida como un señor,
y la cara de Dios
mi madre me enseñó.
Ese amor de madre que me dio,

su estilo, su clase, su voz;
me decía: «Que no te enamores jamás
de alguien que te pueda fallar»,
y llevaba razón.
Mi madre me enseñó
a resguardarme de la lluvia
con un paraguas de verdad,
a soportar todas las pDDullas
que los malajes me quisieran dar.
Cuando era enano me otorgó
su amor de madre, su corazón.
Mi madre me enseñó
a cantar con emoción,
a no temer la maldición,
y la cara de Dios,
y la cara de Dios.
Mi madre me enseñó
a querernos los dos.

V. Materia prima.

pág. 129

Actividad

1. A. *te has vuelto/te has hecho*; B. *me quedé*; C. *nos pusimos*; D. *se ha convertido en/se ha vuelto*; E. *has llegado a ser/llegaste a ser/te has hecho/te hiciste*; F. *(se) quede/ha quedado/haya quedado/quedase*; G. *se ha vuelto/se haya vuelto*; H. *se puso*; I. *se ha vuelto/se ha hecho*; J. *nos volvimos/nos quedamos*; K. *Han quedado*; L. *se convirtió en/se ha convertido en/se volvió/se ha vuelto*; M. *llegó a ser*; N. *se pondrá/se volverá*; Ñ. *se puso/se ha puesto*; O. *ha pasado/pasará/pasó a ser.*

VI. Dimes y diretes.

pág. 130

1. El texto de esta actividad presenta un lenguaje coloquial familiar. Si lo cree necesario para su comprensión, enseñe de antemano los siguientes términos y expresiones: *arrear un sopapo, estrellar, hacer novillos, tomar por el pito del sereno.*

1. como una fiera-hecho una fiera/como un energúmeno-hecho un energúme-no/como un basilisco-hecho un basilisco; **2.** como un tomate/como un pimiento; **3.** Igual que 1.

2. El profesor puede aprovechar, antes o después de la actividad, para indicar cuáles son los prefijos y sufijos más utilizados para la formación de este tipo de verbos.

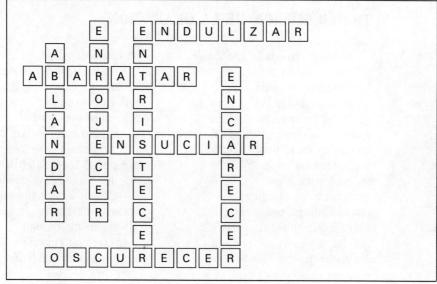

VII.   A tu aire.

pág. 132

3. En mitad de la discusión, los consejeros intercambiarán su puesto con las personas a las que están aconsejando, de forma que todos los alumnos participen directamente en la escena familiar.

REPASO 2 (UNIDADES 5-8)

pág. 133

1.	c)	22.	d)
2.	c)	23.	a)
3.	c)	24.	b)
4.	d) (un cohete)	25.	b)
5.	b)	26.	c)
6.	a) - a)	27.	a)
7.	a) - a)	28.	c)
8.	d)	29.	c)
9.	b)	30.	a)
10.	b)	31.	b)
11.	c)	32.	b)
12.	a)	33.	b)
13.	c)	34.	a)
14.	b)	35.	a)
15.	a) - b)	36.	a) - c)
16.	a)	37.	a) *a*; b) *de*; c) *por*;
17.	a)		d) *a*; e) *de*.
18.	c)	38.	a)
19.	d)	39.	a) *se*; b) *te*; c) ---;
20.	b)		d) *nos*; e) --- ; f) *se*.
21.	c)		

UNIDAD 9
CADA OVEJA...

I. ¿Tú qué crees?

pág. 136

Las dos invitaciones contienen prácticamente los mismos elementos, pero se diferencian sobre todo en la forma. Ambas reflejan la ceremonia habitual de celebración de las bodas: los familiares y amigos acuden al acto del matrimonio y después son invitados a un almuerzo o cena. En el caso de la invitación **1**, el acto es civil y se celebra en el juzgado; el tono de la invitación es mucho más informal: tratamiento de confianza (*vosotros*), los novios —y no sus padres— se dirigen al invitado, se evita usar fórmulas (mensaje directo: *Nos casamos...*), y el uso coloquial de la palabra *guapo*; además, está escrita a mano y aparecen las firmas de los contrayentes. La invitación **2** informa de una ceremonia religiosa; el mensaje es mucho más escueto y formal: uso de fórmulas consagradas (*Se ruega comuniquen,* en forma impersonal; *Tienen el gusto de invitarles*), invitación por parte de los padres, tipo de letra y ausencia de elementos personales (firmas, primeras personas). En la invitación **1** se usa el término *boda,* corriente también en la lengua hablada, y en la **2** se habla de *enlace,* término usado únicamente en la lengua escrita formal.

Actualmente, en España pueden celebrarse estos dos tipos de matrimonio: civil (en los juzgados) y religioso (en la iglesia). Existe desde julio de 1981 la ley de divorcio, que afecta únicamente a la parte civil de todo matrimonio, según la cual el divorcio por mutuo acuerdo puede conseguirse en un año, mientras que la pareja que pida la separación sin haber llegado a un acuerdo tiene que esperar entre dos y cinco años; en todo caso, el juez nunca puede denegar el divorcio, ni siquiera en caso de oposición por parte de uno de los cónyuges.

II. Con textos.

1. Dulce hogar.

pág. 139

A. (1) K, (2) H, (3) G, (4) I, (5) F, (6) D, (7) J, (8) L, (9) E, (10) C, (11) B, (12) A, (13) LL.

B. *Dulce hogar* forma parte de la frase tradicional *hogar, dulce hogar* que suele aparecer en adornos situados en las paredes a la entrada de muchas casas.

B. 1-d; 2-f; 3-k; 4-i; 5-h; 6-b; 7-c; 8-a; 9-j; 10-e; 11-g; 12-l.

E. Todas las parejas que haya en el grupo representarán la escena al mismo tiempo. Si el profesor lo considera oportuno, una o dos parejas podrán hacerlo después para toda la clase.

2. Las chicas son guerreras.

pág. 141

En España actualmente es posible para las mujeres ingresar en el ejército, voluntariamente y nunca en unidades de combate. En Cuba pueden participar en unidades de combate. En el resto de Hispanoamérica las mujeres tienen solamente un papel auxiliar en el ejército y no pueden ser soldados.

B. *Civil - sincero - libre - forzoso - medioambientales - pacifista - semanal - amistosos - típica - llenos - juguetonas - circulares - lentos.*

D. *Frente* es masculina en el texto, pero puede ser femenina (parte del cuerpo). Puede haber dos razones por las que no decimos *soldadas*: porque la palabra *soldadas* tiene ya un significado distinto, y porque no existe una tradición de mujeres combatientes que haya obligado o creado la necesidad de utilizar tal término, como sucede con el femenino de muchas otras ocupaciones (en la sección **V** de esta unidad se trata también este problema, actividad **1B**).

3. La historia de un largo silencio.

pág. 143

B. Feminización de la pobreza: 1; filiación matrilineal: 2; misoginia: 1; patria potestad compartida: 3; residencia matrilocal: 2.

C. El orden original de los párrafos es: **d - i - e - a - j - c - h - g - b - f**.

D. a) *oscilaba*; b) *parturientas*; c) *tejidas*; d) *afrontar*; e) *mestizas*; f) *sostén*.

E. a. *No puede confirmarse con la información del texto (véase párrafo* c*)*; b. *Cierto según el texto (párrafo* a*, última frase)*; c. *Verdadero según el texto (párrafo* i*)*; d. *Cierto según el texto (primera frase del párrafo* b*)*; e. *Verdadero según el texto (párrafo* h*)*; f. *Falso según el texto (final del párrafo* b*)*.

III. Palabra por palabra.

pág. 145

El profesor puede aprovechar para señalar, antes o después del ejercicio, cuáles son los sufijos más utilizados en la formación de sustantivos abstractos.

sensibilidad, lealtad, indulgencia, firmeza, abnegación, perseverancia, franqueza, ecuanimidad, ternura, confianza. Los adjetivos correspondientes son: sensible, leal, indulgente, firme, abnegado, perseverante, franco, ecuánime, tierno, confiado.

1. TRANSCRIPCIÓN DE LA GRABACIÓN

Ingresé en la compañía del Metro el 17 de octubre de 1919. Soy la única empleada, de las que asistimos a la inauguración, que se encuentra en activo. Entré como taquillera en la estación de Puerta del Sol, con un sueldo de 125 pesetas mensuales. El Metro fue una novedad que entusiasmó a los madrileños. Entonces había pocos coches y todo Madrid usaba el metro como medio de locomoción, especialmente a la salida de los teatros, y las horas punta de tiendas, comercios, en fin, espectáculos y todo. Los hombres tomaban el metro sólo por vernos: había mucha empleada jovencita —entre ellas me encontraba yo—, y viajaban para..., por capricho, y por verlo, por curiosidad, y piropeando a las chiquitas, porque había mucha gente joven, y era muy agradable. Era de los primeros sitios que trabajaba el personal femenino. Algunos viajeros, por la noche, a la salida de los teatros, nos obsequiaban con churros, bombones, etc.

¡Ay, qué Madrid más bonito el del año 19! ¡Quién lo pillara!

F - V - V - F - V

2. TRANSCRIPCIÓN DE LA GRABACIÓN

— Justina, ¿usted también recuerda aquellos tiempos, cuando usted comenzó a los dieciocho años a trabajar en Metro, como una época estupenda, rosada, como nos contaba un poco la señora que hemos visto en el reportaje?

+ Pues sí..., también estuve, recuerdo, en la Puerta del Sol, y estuve en Gran Vía, y sí, los viajeros, que una revista, que a lo mejor un bombón, que un... Otras atenciones que hoy no tenemos.

— ¿Qué, eran pocas mujeres las que estaban en el metro?

+ Bueno... Pues éramos menos, claro, abundaban más...

— ¿Existía..., existía ya una discriminación entonces por las mujeres, existía una diferenciación cuando..., laboral, por ejemplo?

+ No, yo eso no lo he observado, no. Estabas en tu puesto de taquilla o de revisora, los hombres ocupaban...

= Pero no podías pasar a jefe de estación ni nada de eso, como ahora...

+ No, a jefe de estación, ¡bueno...!

— Susana*, ¿qué cortapisas tenían desde el punto de vista laboral? ¿Solamente tenían acceso a unos niveles laborales?

+ Solamente revisora y taquillera, nada más.

— O sea, nada más.

+ Y además, taquillera te hacías casi a los nueve o diez años de llevar en Metro. Yo llevaba cinco cuando me marché, y me fui de revisora. No llegué a taquillera.

—O sea, que eran los niveles más bajos de la plantilla. O sea, ¿jamás se podía acceder a puestos más altos?

+Nada.

—¿Ésos eran para los hombres?

+Sí.

—Y después, hay algo que nos llama la atención: ¿cuando se casaban, ustedes tenían muy claro que tenían que dejar de trabajar?

+Sí, sí, eso estábamos mentalizadas totalmente. Sabías que, si yo me casaba el 10 de mayo del 56, el 7 tuve que abandonar Metro. Tres o cuatro días antes te obligaban a dejarlo.

—¿Y cuándo volvió usted a reingresar en el Metro? ¿Y cómo, cómo lo hizo?

+Bueno, pues yo volví en el 79, el 28 de septiembre precisamente del 79, por enfermedad grave de mi marido. Entonces, yo había oído unos meses antes a las compañeras —yo viajaba como viajera—, entonces me decían que, bueno, que se podía ya de nuevo reingresar en Metro, que estaban entrando, y les dije que de qué manera. Parece ser que había salido en un Boletín Oficial del Estado, pero que yo no sé quién había leído aquel boletín, yo desde luego no estaba al corriente de ello. Entonces, en este término de tiempo cae mi marido enfermo, y, claro, por aquel entonces, sí, al abandonar Metro por excedencia forzosa por matrimonio, sí te hacían ver que podías volver al ser cabeza de familia, como antes te decía la compañera del banco. Entonces, bueno, pues me dijeron que llevase todos los papeles. No tuve mucha dificultad para entrar, porque llevé todos los justificantes de que mi marido estaba muy grave. Entonces sí entré, pero para mí fue asombroso cuando llegué a la dirección, yo no sé, porque si me estáis diciendo que aquello desaparecía en el 61, ¿cómo en el 79 a mí se me dice que bueno, que tengo que firmar un papel, y que si mi marido mejora, yo tengo que volver a abandonar Metro?

—Eso era totalmente ilegal, ¿no?

+Pues yo, para mí, si esto creo que había desaparecido en el 61, para mí, es ilegal, claro.

....

—Antes nos comentaba Justina cómo había algunas compañeras que se hacían pasar por solteras para que...

+Para no perder su puesto de trabajo.

—Exacto. Entonces, nos contaba cómo se había quedado una mujer embarazada...

+Pues sí, yo supe de una compañera que no conozco, pero, vamos, a nivel ya de**..., nos comentábamos, aquella señorita fingió que no se casaba. Se casó. Claro, entonces, cuando la vieron ya que estaba embarazada, «bueno, ¿y esto?» Pues ella prefirió, fíjate, para no perder el puesto de trabajo, entonces decir que había tenido un desliz de soltera.

(Fragmento del programa «La hora de...», emitido por TVE-2)

* La interrupción de otra de las participantes en el debate (llamada Susana) hace que la entrevistadora confunda los nombres, y llame Susana a Justina.

** «A nivel de» es un galicismo en español que, aunque incorrecto, se ha hecho bastante frecuente, incluso en la lengua hablada, por influencia de los medios de comunicación.

> — *Solo podían ser taquilleras o revisoras.*
> — *Tuvo que dejar su puesto de trabajo cuando se casó porque la ley obligaba a ello.*
> — *Tuvo que justificar que su marido estaba enfermo para poder recuperar su puesto de trabajo.*
> — *Que la obligaran a firmar un papel según el cual, si su marido mejoraba, tendría que dejar de nuevo el trabajo, cuando ya en el 61 se había derogado la ley de excedencia forzosa por matrimonio.*
> — *Ocultando su matrimonio, aun en caso de estar embarazadas.*

V. Materia prima.

1. ¿Masculino o femenino?

pág. 147

> **A.** *madrastra - yegua - heroína - jaca - oveja - sordomuda - tigresa - condesa - gallina - poetisa - madrina.*

B. Advierta previamente a sus alumnos que el uso y extensión de las formas femeninas de muchas ocupaciones está en un proceso de cambio debido a la incorporación reciente de la mujer a muchas profesiones. Las formas admitidas por la Real Academia Española de la Lengua serían:

> Lugo, 21 de mayo. *Nuestra* corresponsal nos informa de que *la concejala* y *la secretaria* del Ayuntamiento de la localidad donde se produjo el escándalo han declarado esta mañana ante *la juez*. *Las* denunciantes acusan de estafa a sus huéspedes a *la* gerente de un hostal de la zona, así como *a la* conserje y *a la* jefe de *camareras*, que actuaron como cómplices. *Las abogadas* de las dos partes han aconsejado a sus *respectivas clientas* que no hagan declaraciones a *las* periodistas hasta que el informe de *la* fiscal se haya completado.

Sin embargo, en la lengua hablada y aun en los medios informativos, es muy frecuente registrar la forma femenina *jueza*, y sobre todo *jefa*.

> **C.** 1. *todo*; 2. *un*; 3. *la*; 4. *La*; 5. *muchísimas*; 6. *la*; 7. *un*; 8. *las*; 9. *El*; 10. *una*; 11. *el*; 12. *el*; 13. *un*; 14. *los*; 15. *a la*; 16. *una-americana.*

D. Un grupo de objetos cuyas fotografías podrían utilizarse en esta actividad son los electrodomésticos (aunque el profesor puede utilizar cualquier grupo de objetos, especialmente si sabe que sus alumnos tienen problemas con su género). Siempre que las denominaciones sean dobles (por ejemplo, *aspirador* y *aspiradora*), el juez (el profesor) deberá decidir quién se queda con el objeto. Para ello, el profesor puede fijar de antemano unas normas: se escogerá la denominación más usada en determinada zona del ámbito lingüístico hispánico, o la que más letras o sílabas tenga, o la más coloquial, etc.

RECUERDA: **Sustantivos referidos a realidades sin sexo** pág. 148

Éste es buen momento para dar a conocer a los estudiantes la existencia de diccionarios inversos, es decir, ordenados alfabéticamente por el final, que pueden resultar útiles para observar los mecanismos de derivación de palabras (es muy recomendable el *Diccionario inverso de la lengua española*, de Ignacio Bosque y Manuel Fernández, Madrid, 1987).

2. ¿Por o para?

A. *para*; B. *por*; C. *por*; D. *por*; E. *Para*; F. ---; G. *por*; H. *para/por*; I. ---; J. *Por*; K. *Para*; L. *por*; Ll. *por*; M. *por*; N. *para*; Ñ. *para*; O. *por/para*; P. *por*; Q. *Por*; R. *para/por*.

VII. A tu aire.

pág. 149

1. Es recomendable que esta actividad tome la forma de discusión oral, primero en grupos y después con toda la clase. La anécdota puede dar lugar al comentario de muy diversos temas que podrían interesar al alumno y que el profesor puede provocar, tales como:

— *Las relaciones extraconyugales.*
— *El divorcio.*
— *La custodia de los hijos.*
— *La influencia de los suegros en la vida de una pareja.*
— *El papel del hermano mayor.*
— *¿A qué edad se debe aprender a conducir?*

4. La letra de la canción, en su orden correcto, es:

No sé cómo te soporto,   *no sé cómo te tolero,*
debe ser el fin de siglo   *o que estoy enloqueciendo.*
Sé que amarte es un combate   *donde siempre caigo preso,*
pero bien valen tus rejas   *un descenso a los infiernos.*
Me someto a tu malicia   *como quien profesa un credo,*
no me quedan más esquemas   *que las reglas de tu juego.*

Bailo al son de tus caprichos,   dices «negro» y digo «negro»,
no te llevo la contraria   porque no deseo hacerlo.

Vas a acabar con mis días y mis noches,
asesina, asesina de mi vida,
asesina de mi vida.

Tu crueldad es una esponja   que succiona mi cerebro,
me torturas lentamente   con tu corazón de hielo.
No tienes la sangre fría,   que eso es tener sangre al menos,
lo que corre por tus venas   es dulcísimo veneno.
Mira que te gusta verme   humillado como un perro,
qué te importa maltratarme   si ni siento ni padezco.
Pero todo se me pasa   como si fuera un mal sueño,
cuando veo que tus ojos   me insinúan: ahora quiero.

Vas a acabar con mis días y mis noches,
asesina, asesina de mi vida,
asesina de mi vida.

I. ¿Tú qué crees?   pág. 152

> **2.** televisión, vídeo, cine, música, juegos y pasatiempos, labores domésticas, deporte, teatro.

II. Con textos.   pág. 154

> **1.** Las frases que contienen declaraciones falsas son:
>
> — Ahora no hago nunca nada, he dejado de trabajar: *esta actriz está aún en activo y en uno de sus mejores momentos.*
> — Estoy harta de la educación protestante tan común en España: *la educación tradicional española, en la época de la infancia de Carmen Maura, era la católica, y aún hoy tiene gran importancia, aunque existe la posibilidad de recibir una educación totalmente laica.*
> — A veces sólo teníamos dos días para hacer un largometraje y tardaban un año en pagarnos: *aunque el cine español ha tenido y tiene bastantes problemas económicos, no han sido tan acuciantes.*

2. C. El hecho de grabar el trabajo de los estudiantes es importante porque fomenta la motivación, aunque oírlo en clase es secundario y no es necesario hacerlo. La grabación, por otra parte, podría usarse como modelo para otros grupos.

3. Puede aprovecharse la ocasión para trabajar en clase con alguna canción de este cantautor.

> **A. Influencia caribeña:** el merengue e instrumentos de percusión de origen caribeño como la tambora o la güira; **Influencia estadounidense:** el rock de los sesenta, y el pop y el jazz con los que entró en contacto en una escuela musical de Boston.
>
> **B.** V - V - F - F - V.
>
> **C.** Aprendió de niño: *mamó*; dudan: *ponen en entredicho*; aparte de: *amén de*; impresionante: *de órdago*; pasando por encima de: *salvando*; afectadas y

sensibleras: *cursis*; unión: *maridaje*; los sufrimientos: *el calvario*; movimiento brusco: *quiebro*.

No corresponden a palabras del texto:

— *ruptura*: rotura
— *hacen pública*: publican, manifiestan
— *minoritario*: elitista, exclusivista

III. Palabra por palabra.

pág. 159

La terminología deportiva varía mucho según los países. Preferimos aquí incluir los términos que, aunque no se usan en algunos países, suelen ser comprendidos por todos los hispanohablantes. Es de mencionar, sin embargo, que en algunos países hispanoamericanos se utiliza el término *cancha* para referirse a cualquier terreno llano donde se practica un deporte de competición. En las claves hemos omitido todas las palabras no españolas (como *ring*, usada muchas veces en lugar de *cuadrilátero*).

Si el trabajo con los diccionarios bilingües resulta insuficiente en este ejercicio, sugerimos la utilización de algún diccionario ideológico, que resulta un instrumento muy útil para el alumno de nivel avanzado. Recomendamos especialmente el *Diccionario ideológico de la lengua española* de Julio Casares.

Deporte	Deportista	Lugar	Equipo
Fútbol	*futbolista*	Estadio o campo	*balón o pelota o bola, botas*
Baloncesto	*jugador de baloncesto*	Cancha	*balón, zapatillas*
Alpinismo	*alpinista*	Montaña	*botas, cuerdas*
Golf	*golfista*	Campo	*palos, pelotas*
Esquí	*esquiador*	Pista	*esquíes, gafas, bastones*
Tenis	*tenista*	Pista o cancha	*raqueta, pelota*
Boxeo	*boxeador*	Cuadrilátero	*guantes, protector de boca*
Natación	*nadador*	Piscina (Hisp. *alberca*)	*bañador o traje de baño, gorro*

IV. ¡Lo que hay que oír!

pág. 160

TRANSCRIPCIÓN DE LA GRABACIÓN

Los antecedentes de los juegos legalizados por el Estado se encuentran hacia el siglo XV en Brujas, donde surge un sistema de lotería parecido a los actuales.

En España, en 1763, el Marqués de Esquilache le propuso al Rey Carlos III la creación de una lotería que, por su carácter caritativo, se llamó la Beneficiata.

Francisco Zambrana, director general del Organismo Nacional de Loterías y Apuestas del Estado:

"Cuenta la historia, en parte escrita y en parte no, que hubo un señor que apostó un millón de reales* a la apuesta máxima... y de tal manera que, si hubiera acertao**, hubiera conseguido doscientos cincuenta millones de reales, cuando el presupuesto del Estao** de aquel año era inferior. Y entonces se asustaron y suspendieron el sorteo por un decreto, y posteriormente se confirmó por una ley presupuestaria, y se eliminó la lotería primitiva. Después, en el año 1814 creo que fue, perdón, 1812 en concreto, las Cortes de Cádiz crearon una nueva lotería primitiva simi... ¡perdón!, una nueva lotería —ya es similar a la lotería que se estaba jugando en Nueva México y en otros países europeos— que es la lotería nacional esta, que se le llamó moderna porque era distinta a la antigua, que era la primitiva, pero que es para nosotros la nacional, la tradicional, ésta que tanta importancia tiene en España."

Esta clásica Lotería Nacional es la que más dinero atrae con excepción de los bingos y las máquinas tragaperras. Impulsada en 1812 por Ciriaco González de Carvajal, cumple hoy en día con las previsiones de su precursor: "Será un medio de elevar los ingresos del erario público sin quebranto de los contribuyentes." Semanalmente se realiza un sorteo, y para tener opción a premio hay que adquirir un décimo que varía de precio según la importancia del sorteo.

Además de los numerosos puntos de venta que ponen la Lotería Nacional muy cerca de los posibles compradores, otro aliciente de este juego es el elevado porcentaje que destina a premios:

"La Lotería Nacional es la lotería del mundo que más destina a premios. Destina el setenta por ciento, pero no de lo que vende, sino de lo que emite, y paga esos premios con independencia de que se haya vendido o no."

Cada año, la Lotería Nacional abre el ciclo de las fiestas navideñas con el sorteo extraordinario de Navidad, que se celebra el 22 de diciembre. Este sorteo, que goza de una especial consideración, es el que mayores ingresos obtiene. En 1987 los españoles jugaron en él más de cien mil millones de pesetas

Desde hace más de doscientos años, el sorteo de Navidad tiene como protagonistas a los niños del colegio de San Ildefonso, que son los encargados de cantar de una manera muy particular los números premiados y las cantidades que les corresponden.

Participar en este sorteo de Navidad es, para los españoles, una costumbre, una tradición. Familiares y amigos se intercambian décimos o participaciones y, prácticamente, todos toman parte en este sorteo, aunque durante el resto del año nunca jueguen.

(Fragmento de la monografía «La fiebre del juego», publicada por Radio Nacional de España, en sus «Programas de Cooperación Cultural»)

* Antigua moneda española, sin validez hoy en día (cuatro reales equivalían a una peseta).

** Esta eliminación de la -d- entre vocales en la última sílaba es muy frecuente en la lengua hablada, especialmente en el caso de la sílaba -ado, y es más frecuente aún en Andalucía, de donde procede la persona que está hablando.

1. **A.** *Siglo XV*: se inventa la lotería en Brujas (en la actual Bélgica); *1763*: se introduce la lotería en los reinos de España (en este caso Carlos III no era aún rey de España, sino príncipe de Nápoles, que era dominio español); *1812*: se instituye el actual sistema de Lotería Nacional.

    B. 52 (uno por semana); varía según la importancia del sorteo; 70 % de lo que se emite.

    C. - b y c; - a.

2. A. *A obras de caridad.*
    B. *Una apuesta tan elevada que hubiera sido imposible pagar el premio en caso de que el jugador hubiera ganado.*

V. Materia prima.

pág. 161

1. Las respuestas a esta actividad pueden ser muy distintas. Hay una que es posible en todos los casos: *Que yo sepa, no.* Sabiendo esto, el profesor deberá incitar a sus estudiantes a utilizar otras formas además de ésta, cuando sea posible. En las clases ofrecemos, primeramente, otras posibilidades de contestación negativa, si las hay, y después la información real relativa a la pregunta, que el profesor puede ofrecer una vez terminada la actividad. Por ejemplo, en el modelo es posible decir *Que yo sepa, no* o la respuesta que ofrecemos; la realidad es que sí ha habido novelas escritas en español ambientadas en el Oeste, como las de Marcial Lafuente Estefanía, que fueron muy populares en España aproximadamente hasta los años 70.

ORIENTATIVA

a. *Que yo recuerde, no.* (que nosotros sepamos, no hay indios en Cuba); b. *Que yo haya leído, no.* (sí hay algunos, por ejemplo «The English Press»); c. *Que yo haya visto, no.* (que nosotros sepamos, sólo hay una: «El caballero del dragón»); d. *Que yo recuerde, no.* (sí, muchos, incluso en las Olimpiadas; por ejemplo, Jordi Llopart); e. *Es un plato típico solamente de México*; f. *El béisbol es deporte nacional en Cuba*; g. *No en todos, sólo en algunos, como México y Colombia*; h. *Que yo haya oído, no.* (por supuesto, hay muchas canciones populares cantadas en idiomas indígenas); i. *Es típico de Argentina y se toma en algunos países cercanos a ella, pero no en toda Hispanoamérica*; j. *Que yo haya probado, no.* (sí existe, y en las botellas se usa la palabra «brandy»).

2. Los diferentes sentidos de los dos tipos de frase presentados en **C.** 1 y **C.** 2 se corresponden en la lengua hablada con dos entonaciones de frase diferentes también.

Actividad

Esta actividad da lugar a muy distintas respuestas, pues, aun basándose en los datos de los cuadros del apartado **I**, hay varias frases que permiten que el alumno exprese su opinión frente a los hechos. Ofrecemos ahora algunas posibilidades.

a. *evidente, cierto*; b. *extraño, sorprendente, curioso, normal, raro*; c. *cierto*; d. *igual que* b; e. *evidente, cierto*; f. *falso, sorprendente, extraño, curioso, raro, comprensible*; g. *extraño, sorprendente, curioso, raro*; h. *claro*; i. *igual que* b; j. *frecuente, normal*.

VI.   Dimes y diretes.

pág. 163

1.   PASARLO MUY BIEN: *pipa, de miedo, en grande, bomba, fenomenal, de maravilla.*
PASARLO MUY MAL: *fatal, de pena.*

3.   El profesor deberá advertir que los usos pronominales de los verbos son uno de los factores que más diferencian a las diversas zonas hispanoparlantes. Estos usos del verbo *pasar* responden a la norma estándar en España. Si sus alumnos están más interesados en utilizar las formas predominantes de otras zonas, recomendamos al profesor que adapte tanto el cuadro como las actividades que le siguen para responder a sus necesidades.

SE ME PASÓ: *el dolor de muelas/decírtelo/el malestar*; LO PASÉ: *fenomenal/muy mal*; SE ME PASARON: *las ganas*; ME PASÉ: *de listo, con mi padre.*

VII.   A tu aire.

pág. 166

3.   El resumen de la continuación de este fragmento literario es el siguiente: *las bolas que tenían que salir premiadas (es decir, las que formaban el número del presidente) habían sido metidas en hielo para que los niños las distinguieran de las otras. En cuanto a los niños, pasado un tiempo fueron tantos que no cabían en la fortaleza donde los habían ido encerrando; primero el presidente los escondió en las selvas y otros lugares alejados, y al final los mandó meter en una barcaza cargada de cemento que hizo dinamitar.*

UNIDAD 11
EN MARTES...

II. Con textos.

pág. 168

1. La astrología.

En el primer texto, Vicente Cassanya se dirige constantemente a un *vosotros,* que son los científicos que firmaron el manifiesto que aparece como segundo texto. Si sus alumnos no están habituados a la morfología correspondiente a este pronombre personal, puede ser una buena ocasión para revisarla si lo cree necesario. Una posible actividad sería, tras hacer las de comprensión, indicarles que subrayaran todas las formas verbales y pronominales que se refieren a los científicos.

A. **secular** = antiguo; **difuso** = confuso; **lo suyo** = mucho; **lugares comunes** = puntos de acuerdo; **denuncia** = ataque; **proliferación** = aumento; **refutar** = dar argumentos en contra; **pronunciaros** = dar vuestra opinión; **dogmático** = que se considera indiscutible; **condescendientes** = tolerantes; **insinuando** = dando a entender; **arcaico** = antiguo; **antaño** = antes; **variar** = cambiar; **trastornos** = cambios; **tópico** = generalización fácil; **aseveráis** = afirmáis; **contad con mi colaboración** = estoy dispuesto a colaborar.

B. **d - b - a - c.**

2. El retorno de las brujas.

pág. 171

B. Se tratan los puntos *a*), *d*), *e*), *f*) y *h*).

C. a. **F**; b. **F**; c. **V**; d. **V**; e. **V**.

III. Palabra por palabra.

1. Doce palabras.

pág. 172

Ya ordenadas, son: ACUARIO *(21 de enero-19 de febrero),* PISCIS *(20 de febrero-20 de marzo),* ARIES *(21 de marzo-20 de abril),* TAURO *(21 de abril-20 de mayo),* GÉMINIS *(21 de mayo-21 de junio),* CÁNCER *(22 de junio-23 de julio),* LEO *(24 de julio-24 de agosto),* VIRGO *(25 de agosto-23 de septiembre),* LIBRA *(24 de septiembre-23 de octubre),* ESCORPIO *(24 de octubre-22 de noviembre),* SAGITARIO *(23 de noviembre-22 de diciembre)* y CAPRICORNIO *(23 de diciembre-20 de enero).*

2. ¿Cómo somos?

A.

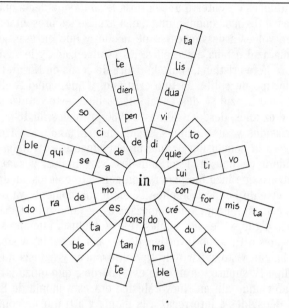

B. Los sustantivos son: *inasequibilidad, independencia, indecisión, indivi-dualismo, inquietud, intuición, inconformismo, incredulidad, indomabilidad, inconstancia, inmoderación, inestabilidad.*

Respecto a su agrupación en las dos columnas, en algunos casos depende de la opinión de los alumnos, de modo que al comparar sus respuestas se pueden comentar los distintos puntos de vista.

C. En esta actividad se trata de relacionar las palabras relativas al carácter con los signos del zodíaco. Se trata de una actividad oral en la que los alumnos hablarán de lo que saben sobre el modo de ser de los diversos signos. No obstante, el profesor puede guiar la discusión con preguntas como: *De los doce signos, ¿cuál es el más intuitivo?*

Si los estudiantes no conocen las características de los signos del zodíaco, se les puede pedir que intenten deducirlas definiendo a los miembros de cada signo que haya en la clase.

IV. ¡Lo que hay que oír!

TRANSCRIPCIÓN DE LA GRABACIÓN

Una cincuentena de misioneros franciscanos se habían empeñado en la quimérica tarea de evangelizar las tierras de Nuevo México, que eran unas regiones bastante alejadas del..., digamos, del obispado de México, que ya en aquella época estaba bastante consolidado. (...) Lo que ocurre es que estos misioneros franciscanos se encuentran, de repente, con que los indios están evangelizados. Entonces, Alonso de Benavides, que era el misionero jefe, el que estaba comandando toda aquella expedición, comienza a interrogar a aquellos indios, a aquellos aborígenes, sobre cómo era posible que esta gente hubiera alcanzado la fe católica sin tener ningún contacto en absoluto con los europeos, y entonces desenterró una curiosa leyenda que decía que, desde hacía unos diez años aproximadamente, una dama azul se les presentaba, principalmente de día para volver a desvanecerse de noche, y que en esas jornadas en las que esta dama azul estaba entre ellos, les evangelizaba y les daba todo tipo de detalles sobre la fe cristiana, sobre la figura de Jesús de Nazaret y les inc... les enseñaba todo tipo de cultos de tipo cristiano, y que, como te decía, al llegar la noche, esta dama azul se desvanecía. Pues bien, esto estuvo sucediendo durante más de diez años, desde 1620 hasta 1630, a finales de 1630, cuando llega Alonso de Benavides y sus hombres. Siguió interrogando a... a estos indios, y entonces llegó a la conclusión de que probablemente se trataba de una religiosa, por la manera en que la describían los... los indios, y cuando volvió a España, lo primero que hizo fue ponerse en contacto con los superiores de su orden y con la corte de Felipe IV. Felipe IV en aquel momento ya tenía relaciones incipientes con esta monja, que empezaba a ser famosa en España porque, por ejemplo, los... algunos de sus confesores, e incluso miembros de la Inquisición que después estuvieron investigando el caso, la habían visto levitar en el convento y la habían visto sufrir todo tipo de trances y éxtasis místicos. Entonces, bueno, Felipe IV supuso, en uno de esos alardes, que quizá la monja que se les estaba apareciendo allí en Nuevo México era esta monja de Soria. Y allí se va Alonso de Benavides a interrogar a la monja y a tratar de comprobar si efectivamente eso era así.

+¿Y era así, Javier?, ¿era esa monja la que se... viajaba de esa forma curiosa hasta Nuevo México? ¿Era ella?

—Sí, al parecer sí, porque cuando Alonso de Benavides comenzó a interrogarla sobre si ella era la mujer que efectivamente se estaba apareciendo a los indios, ella contestó afirmativamente, pero no un «sí» seco, sino que además le dio todo tipo de detalles sobre las regiones en las que estos indios estaban... eh... trabajando y viviendo. También les dio todo tipo de detalles, pero con una precisión exhaustiva, incluso de los nombres con que los indios bautizaban esas regiones, y les dio, a Alonso de Benavides y a los misioneros que le acompañaron para hacer ese interrogatorio, les dio incluso detalles sobre la lengua de los aborígenes, que ella misma había estado aprendiendo en esos viajes.

+Se quedarían alucinados, ¿eh?

—La historia fue tan sorprendente que la propia Inquisición, especialmente el tribunal de Logroño, entró en acción y fue a interrogar a esta monja y la estuvo interrogando durante bastante tiempo. En un interrogatorio de más de 60 horas, en las que esta mujer fue sometida por... por varios miembros de este tribunal de Logroño, se obtuvieron detalles de una precisión increíble, hasta el punto de que la propia monja decía que, cuando ya habían llegado allí los misioneros comandados por Alonso de Benavides, ella los había estado viendo porque, sí, había tenido una teleportación o una bilocación simultáneamente a la llegada de esta gente, y lo curioso es que precisamente cuando ve llegar a estos misioneros ella digamos que da como por concluida su misión y ya desaparece completamente. Se cierran todos sus procesos de bilocación a Nuevo México en 1631, es decir, un año apenas después de que llegasen los primeros evangelizadores cristianos.

+Quizá, Javier, habrá que aclarar la diferencia que hay entre bilocación, teletransportación... A ver si lo tenemos un poco más...

−Sí. Bilocación sería fundamentalmente cuando una persona, o también conocido como «don de ubicuidad», cuando una persona es capaz de estar en un... en dos sitios a la vez. Entonces, lo más... lo más normal es que, digamos, que la persona original, por decirlo de alguna manera, no tenga conciencia de lo que está haciendo su doble o esa... o esa bilocación en otro punto.

+Es decir, que ella estaba en Ágreda y...

−... y a la vez estaba en Nuevo México.

+El cuerpo de Ágreda no se enteraba de nada de lo que hacía en Nuevo México.

−Exactamente. Sin embargo, la teleportación es cuando el cuerpo, o sea, la persona original, es trasladada, por algún medio que nosotros desconocemos, a otro punto del espacio. Entonces sería si... si está en Ágreda, pues que de pronto desaparezca momentáneamente de Ágreda y aparezca en Nuevo México ella misma y que cuando regrese tenga conciencia física y psíquica de todo lo que ha estado viviendo allí. Claro, esas dos facetas se daban en esta mujer, porque había bilocaciones de las que ella parece ser que no era consciente, pero a su vez había teleportaciones, en el sentido de que ella recordaba perfectamente todo lo que había estado viviendo en Nuevo México, y no solamente eso, sino que recordaba que les había llevado objetos físicos en alguno de esos viajes.

+¿Que eso en un proceso de bilocación no se puede hacer, llevar un objeto físico?

−Aparentemente no, porque entonces lo que tendrían que hacerse es bilocarse los objetos también, que también ha habido casos en los que se ha producido, es decir, que se hayan bilocado objetos de todo tipo, incluso en casos recientes de bilocación que yo he estado investigando se han llegado a bico... a bilocar hasta los vehículos, es decir, la persona y su vehículo han sido vistos en un lugar donde no podían estar, porque esa persona y ese vehículo estaban aparcados o estaban trabajando en otro sitio distinto. Es decir, que el... el fenómeno en sí encierra bastante complejidad.

(Fragmento del programa de radio «Espacio en blanco»,
emitido por Radio Nacional de España)

1. Comenzó en 1620. Terminó en 1630. Lugar: Nuevo México. Era una monja. La describían como una dama vestida de azul. Evangelizaba a los indios. Pruebas de que el hecho era cierto: la monja conocía perfectamente las tierras donde habitaban los indios y los nombres con que éstos las designaban, había aprendido la lengua de los indios, pudo describir la llegada de la expedición comandada por Benavides y había llevado objetos en sus viajes.

2. La *bilocación* se produce cuando una persona está en dos lugares al mismo tiempo; la *teleportación,* cuando una persona se traslada a otro lugar. En el caso de esta monja se producían los dos fenómenos.

3. Si los alumnos desconocen otros casos parecidos, o bien están muy motivados, puede ayudarles en esta actividad proporcionándoles el siguiente texto de Gabriel García Márquez, que recoge uno de los casos más populares de este tipo de fenómenos:

FANTASMAS DE CARRETERA

Dos muchachos y dos muchachas que viajaban en un Renault 5 recogieron a una mujer vestida de blanco que les hizo señas en un cruce de caminos poco después de la medianoche. El tiempo era claro, y los cuatro muchachos —como se comprobó después hasta la saciedad— estaban en su sano juicio. La dama viajó en silencio varios kilómetros, sentada en el centro del asiento posterior, hasta un poco antes del puente de Quatre Canaux. Entonces señaló hacia adelante con un índice aterrorizado, y gritó: *¡Cuidado, esa curva es peligrosa!*, y desapareció en el acto.

Esto ocurrió el pasado 20 de mayo en la carretera de París a Montpellier. El comisario de esa ciudad, a quien los cuatro muchachos despertaron para contarle el acontecimiento espantoso, llegó hasta admitir que no se trataba de una broma ni una alucinación, pero archivó el caso porque no supo qué hacer con él. Casi toda la prensa de Francia lo comentó en los días siguientes, y numerosos parapsicólogos, ocultistas y reporteros metafísicos concurrieron al lugar de la aparición para estudiar sus circunstancias, y fatigaron con interrogatorios racionalistas a los cuatro elegidos por la dama de blanco. Pero al cabo de pocos días, todo se echó al olvido, y tanto la prensa como los científicos se refugiaron en el análisis de una realidad más fácil; los más comprensivos admitieron que la aparición pudo ser cierta, pero aun ellos prefirieron olvidarla ante la imposibilidad de entenderla.

A mí —que soy un materialista convencido— no me cabe ninguna duda de que aquel fue un episodio más, y de los más hermosos, en la muy rica historia de la materialización de la poesía. La única falla que le encuentro es que ocurrió de noche, y peor aún, al filo de la medianoche, como en las peores películas de terror. Salvo por eso, no hay un solo elemento que no corresponda a esa metafísica de las carreteras que todos hemos sentido pasar tan cerca en el curso de un viaje, pero ante cuya verdad estremecedora nos negamos a rendirnos. Hemos terminado por aceptar la maravilla de los barcos fantasmas que deambulan por todos los mares buscando su identidad perdida, pero les negamos ese derecho a las tantas y pobres ánimas en pena que se quedaron regadas y sin rumbo a la orilla de las carreteras. Sólo en Francia se registraban hasta hace pocos años unos doscientos muertos semanales en los meses más frenéticos del verano, de modo que no hay por qué sorprenderse de un episodio tan comprensible como el de la dama de blanco, que sin duda se seguirá repitiendo hasta el fin de los siglos, en circunstancias que sólo los racionalistas sin corazón son incapaces de entender.

Siempre he pensado, en mis largos viajes por tantas carreteras del mundo, que la mayoría de los seres humanos de estos tiempos somos sobrevivientes de una curva. Cada una es un desafío al azar. Bastaría con que el vehículo que nos precede sufriera un percance después de la curva para que se nos frustrara para siempre la oportunidad de contarlo. En los primeros años del automóvil, los ingleses promulgaron una ley —«The Locomotive Act»— que obligaba a todo conductor a hacerse preceder de otra persona de a pie, llevando una bandera roja y haciendo sonar una campana, para que los transeúntes tuvieran tiempo de apartarse. Muchas veces, en el momento de acelerar para sumergirme en el misterio insondable de una curva, he lamentado en el fondo de mi alma que aquella disposición sabia de los ingleses haya sido abolida, sobre todo una vez, hace quince años, en que viajaba de Barcelona a Perpiñán con Mercedes y los niños a cien kilómetros por hora, y tuve de pronto la inspiración incomprensible de disminuir la velocidad antes de tomar la curva. Los coches que me seguían, como ocurre siempre en esos casos, nos rebasaron. No lo olvidaremos nunca: eran una camioneta blanca, un Volkswagen rojo y un Fiat azul. Recuerdo hasta el cabello rizado y luminoso de la holandesa rozagante que conducía la camioneta. Después de rebasarnos en un orden perfecto, los tres coches se perdieron en la curva, pero volvimos a encontrarlos un instante después, los unos encima de los otros, en un montón de chatarra humeante, e incrustados en un camión sin control que encontraron en sentido contrario. El único sobreviviente fue el niño de seis meses del matrimonio holandés.

He vuelto a pasar muchas veces por ese lugar, y siempre he vuelto a pensar en aquella mujer hermosa que quedó reducida a un montículo de carne rosada en mitad de la carretera, desnuda por completo a causa del impacto, y con su bella cabeza de emperador romano dignificada por la muerte. No sería sorprendente que alguien la encontrara un día de estos en el lugar de su desgracia, viva y entera haciendo las señales convencionales de la dama de blanco de Montpellier, para que la sacaran por un instante de su estupor y le dieran la oportunidad de advertir con el grito que nadie lanzó por ella: *Cuidado, esa curva es peligrosa.*

Los misterios de las carreteras no son más populares que los del mar, porque no hay nadie más distraído que los conductores aficionados. En cambio, los profesionales —como los antiguos arrieros de mulas— son fuentes infinitas de relatos fantásticos. En las fondas de carreteras, como en las ventas antiguas de los caminos de herradura, los camioneros curtidos, que no parecen creer en nada, relatan sin descanso los episodios sobrenaturales de su oficio, sobre todo los que ocurren a pleno sol, y aun en los tramos más concurridos. En el verano de 1974, viajando con el poeta Álvaro Mutis y su esposa por la misma carretera donde ahora apareció la dama de blanco, vimos un pequeño automóvil que se desprendió de la larga fila embotellada en sentido contrario, y se vino de frente a nosotros a una velocidad desatinada. Apenas si tuve tiempo de esquivarlo, pero nuestro automóvil saltó en el vacío y quedó incrustado en el fondo de una cuneta. Varios testigos alcanzaron a fijar la imagen del automóvil fugitivo: era un Skoda blanco, cuyo número de placas fue anotado por tres personas distintas. Hicimos la denuncia correspondiente en la inspección de policía de Aix-en-Provence, y al cabo de unos meses la policía francesa había comprobado sin ninguna duda que el Skoda blanco con las placas indicadas existía en realidad. Sin embargo, había comprobado también que a la hora de nuestro accidente estaba en el otro extremo de Francia, guardado en su garaje, mientras su dueño y conductor único agonizaba en el hospital cercano.

De estas, y de otras muchas experiencias, he aprendido a tener un respeto casi reverencial por las carreteras. Con todo, el episodio más inquietante que recuerdo me ocurrió en pleno centro de la ciudad de México, hace muchos años. Había esperado un taxi durante casi media hora, a las dos de la tarde, y ya estaba a punto de renunciar cuando vi acercarse uno que a primera vista me pareció vacío y que además llevaba la bandera levantada. Pero ya un poco más cerca vi sin ninguna duda que había una persona junto al conductor. Sólo cuando se detuvo, sin que yo se lo indicara, caí en la cuenta de mi error: no había ningún pasajero junto al chófer. En el trayecto le conté a éste mi ilusión óptica, y él me escuchó con toda naturalidad. *«Siempre sucede. A veces me paso el día entero dando vueltas, sin que nadie me pare, porque casi todos ven a ese pasajero fantasma en el asiento de al lado.»* Cuando le conté esta historia a don Luis Buñuel, le pareció tan natural como al chófer. *Es un buen principio para una película,* me dijo.

(EL PAÍS)

V. Materia prima.

pág. 174

1. Tanto en **A.** como en **B.** se formulan varias hipótesis que explican un suceso. En **A.** la persona a la que se dirigen dice haber visto un OVNI o platillo volante, y en **B.** se le ha estropeado el coche.

3. La finalidad de esta pregunta es que los alumnos se fijen en que, cuando hacemos conjeturas en forma interrogativa, las únicas formas que utilizamos son los futuros y condicionales. El resto de las opciones no puede usarse en las interrogaciones.

4. Las respuestas son libres. Lo importante es que utilicen los tiempos verbales que pueden acompañar a esas expresiones de la conjetura.

Actividad

pág. 177

ORIENTATIVA

A. *Será Luisa.*
B. *¿Cuánto durará el examen?*
C. *¿No te las habrás dejado en casa?*
D. *¿No sería su hermano?*
E. *¿No serían más?*
F. *¿Lo sabrá... (nombre de mujer)?*

VI. Dimes y diretes

pág. 178

2. *Médium:* poder de la mente, invocación de los espíritus, hipnotismo. Establecer contactos con los espíritus.

Vidente: poder de la mente fundamentalmente (puede utilizar los mismos medios que un adivino, pero no los necesita para lograr sus visiones). Ver el pasado, presente y futuro voluntaria o involutariamente.

Mago: todos los medios posibles. Cambiar la realidad influyendo en cosas y personas; ver el pasado, presente y futuro. También se utiliza la palabra «mago» para los ilusionistas.

Brujo: todos los medios posibles. Consigue los mismos resultados que el mago, pero normalmente su influencia es negativa.

Curandero: pócimas, amuletos, ungüentos, oraciones, sortilegios, medicinas naturales. Curar personas y animales.

Adivino: poder de la mente, cartas astrales, bola de cristal, lectura de la mano y de objetos (posos del té y el café, entrañas de los animales, etc.), cartas. Ver el presente, el futuro y el pasado.

3. A. *magia* (podría decirse también *de brujas*, en plural); B. *embrujo*; C. *bruja*; D. *adivino*; E. *hipnotizado*.

1.   a. **1**; b. **1**; c. **1**; d. **1**; e. **1**; f. **2**; g. **2**; h. **2**; i. **2**; j. **1**; k. **3**; l. **1**; ll. **1**.

UNIDAD 12
DE TODO HAY...

I. ¿Tú qué crees?
pág. 181

La razón por la cual se alude a la Iglesia católica en la Constitución es la de que el catolicismo ha sido desde hace siglos la religión de la mayoría de los españoles. No obstante, en la actualidad el Estado español mantiene acuerdos con otras religiones representadas en nuestro país.

II. Con textos.

1. La religión azteca.
pág. 182

nombre	quiénes iban	qué hacían	duración
Bosque de los alimentos.	niños que morían antes de alcanzar el uso de razón.	Convertidos en colibríes, vivían felices libando polen.	Hasta el fin del mundo.
Tlalocan.	– ahogados, – fulminados por un rayo, – cualquier muerte debida al agua.	Existencia feliz.	Para siempre.
Cihuatlampa.	mujeres que morían en el parto.	Acompañaban al Sol. Felices de día, sufrían de noche.	Para siempre.
Tonatiuhichan.	guerreros muertos en combate o por un sacerdote.	Acompañaban al Sol.	4 años.

nombre	quiénes iban	qué hacían	duración
Mictlan.	el resto de los que morían.	– Cruzar entre dos montes. – Pasar por un camino guardado por una serpiente. – Escapar de un cocodrilo. – Atravesar ocho desiertos. – Escalar ocho montañas. – Recorrer una llanura. – Vadear nueve ríos. Después de esto, una vida igual que la de la tierra.	4 años.

B. «Bosque de los alimentos»: después de la destrucción del mundo vuelven para dar origen a una nueva humanidad.
«Tonatiuhichan»: vuelven al mundo convertidos en colibríes.
«Mictlan»: desaparecen.

C. *Muerto:* difunto, fallecido, finado.
Muerte: fallecimiento.
Morir: perecer.

2. **Reliquias y milagros. Santos para todo.** pág. 184

A. *La tercera.*

B. **a.** 1; **b.** 3; **c.** 2; **d.** 2; **e.** 3.

D. a. **F**; b. **V**; c. **V**; d. **F**; e. **F**; f. **V**; g. **F**; h. **V**.

III. Palabra por palabra. pág. 187

1. Éste puede ser un buen momento para familiarizar a los alumnos con el uso del diccionario en lo referente a abreviaturas, información gramatical y orden de las acepciones. Las definiciones están tomadas del *Diccionario actual de la lengua española* (VOX).

Calvario: **4**; Vía crucis: **2**; Martirio: **1**; Reliquia: **5**; Cruz: **3**.

2. a. **2**; b. **6**; c. **1**; d. **2**; e. **1**; f. **1**; g. **5**; h. **3**.

IV. ¡Lo que hay que oír!

pág. 188

En la grabación aparecen dos fragmentos en lengua quiché (parte de una misa y parte del ritual maya invocando la lluvia) que no están transcritos.

TRANSCRIPCIÓN DE LA GRABACIÓN

FELIPE MELLIZO (periodista español). Si algunos pueblos han basado su supervivencia en la defensa tenaz de su cultura, otros en cambio han optado por la adopción, al menos formal, de culturas foráneas, que, sin abandono de la suya propia, presentan fenómenos sincréticos de interés. De todo hay en la viña del Señor. Y Chichicastenango, capital del antiguo reino quiché, en la propia Guatemala, puede valernos de ejemplo.

En esta misa celebrada en lengua quiché, hay al menos dos tipos de feligreses, dentro de una aceptación general de la Iglesia: los católicos y los llamados «de la costumbre». Pero para que lo veamos más claro, acaso sea conveniente situar esta misma escena en otro decorado.

Estamos a principios de mayo, fechas en las que son muy frecuentes las celebraciones invocando las lluvias, y la ocasión quiere que asistamos a una ceremonia poco común.

De acuerdo con la vieja tradición maya, hemos subido a lo alto de uno de los cerros, donde los quichés van a pedir a Dios que les traiga la lluvia y se pueda sembrar el maíz. Ya arriba, más cerca de los dioses, se plaga el suelo de pétalos de rosas, se quema «copal» o «pom» para que los dioses huelan bien, y hasta se bebe «guaro», un licor, para tener más fácil el acceso a ellos.

Como antes en la iglesia, el cura párroco preside la ceremonia. Existen también católicos y costumbristas.

PADRE VENTURA (párroco de Chichicastenango, guatemalteco). Son dos formas de expresar la fe, más que todo, dos maneras de liturgia, de rito: la liturgia occidental, la misa, y la liturgia de ellos, el ritual indígena, maya, con su altar propio. Los costumbristas son las personas, pues, que se han quedado con las costumbres mayas. Ellos han aceptado algunos elementos del cristianismo, peo lo han envuelto con su forma de vivir su religión maya haciendo de eso como un sincretismo. Los costumbristas sólo aceptan el sacramento del bautismo, nada más, en la Iglesia católica. Todos los demás sacramentos no, no los aceptan. Pero siempre participan en la iglesia, piden sus misas, rezan en sus casas...

F.M. Este sacerdote de la costumbre o sajorín jefe, llamado Panhoh, ha subido tras la misa al cerro Poquil, lugar sagrado para los maya quichés. Preside el altar un ídolo de piedra legendario llamado Pascual Abah.

GREGORIO IZQUIERDO (hermano marista español). Ellos tienen todavía una resonancia de la conquista, y una especie de miedo a los conquistadores, y tienen que tenerlos contentos por medio de la religión, por medio de las costumbres, por medio de los símbolos. Pascual Abah es uno de esos símbolos. Es un ídolo, diríamos, donde, con el nombre castellano y con el nombre de «piedra», han representado... pues el poder del castellano, pero al mismo tiempo el poder del indígena y el poder de Dios.

F.M. La palabra «sajorín» parece provenir del castellano «zahorí», o persona que pretende descubrir lo que está oculto, y especialmente debajo de la tierra. Son considerados santos y sabios entre los quichés, y están especializados en quitar maleficios, aconsejar, adivinar, llevar a los niños al bautizo, solicitar esposas para jóvenes y viudos, proteger la familia o, como en este caso, pedir a Dios lluvia, para que se pueda sembrar.

En la ceremonia, por supuesto, no pueden faltar ni el «copal» ni el «guaro», ni, por supuesto, el sacrificio, que en este caso es la inmolación de un gallo.

Pero, en fin, es la hora de sembrar, y es preciso que llueva. Pedirlo a Dios es lo importante. Pedirlo en los cerros, en la procesión, o en la propia iglesia es lo de menos, con tal de que llueva. Si el agua bendita viene por fin y riega los campos, poco importa que lo hayan pedido con la Biblia o con el Popol Vuh, el libro antiguo de los quichés, que de los dos tienen sus opciones.

(Fragmentos del reportaje «Hombres de maíz»,
del programa «Equinoccio», producido por TVE)

V. Materia prima.

1. Pase lo que pase... pág. 189

ORIENTATIVA

A. (Se podrían utilizar estas construcciones en cualquier tiempo y persona, e incluso podrían darse otras combinaciones, que no anotamos porque nos parecen poco frecuentes.)

Caiga quien caiga - coma lo que coma - pese a quien pese - venga quien venga - venga de donde venga - venga de quien venga - vaya donde vaya - vaya quien vaya - vaya a donde vaya - diga lo que diga - sea lo que sea - sea quien sea - sea donde sea - haga lo que haga - pase lo que pase.

B. **a.** *Haga lo que haga;* **b.** *Vaya a donde vaya / Vaya donde vaya;* **c.** *Venga de quien venga;* **d.** *Digan lo que digan;* **e.** *Caiga quien caiga / Pese a quien pese;* **f.** *Comiera lo que comiera;* **g.** *Pase lo que pase;* **h.** *Sea quien sea;* **i.** *Pese a quien pese / Caiga quien caiga;* **j.** *Vaya quien vaya;* **k.** *Venga quien venga.*

2. Te guste o no... pág. 190

Cuando tenemos un verbo más complemento directo (como en la frase **d.**), al aplicar el esquema **B.** es necesario que aparezca en la repetición del verbo el pronombre personal átono correspondiente: *Hiciera sol o no lo hiciera.*

> **a.** *Puedas o no (puedas)*; **b.** *Te guste o no (te guste)*; **c.** *Quieras o no (quieras)*; **d.** *Hiciera sol o no (lo hiciera)*; **e.** *Ganemos o perdamos*; **f.** *Ganes o no (ganes)*; **g.** *Lloviera o nevara*; **h.** *Lo hagas o no (lo hagas)*.

VI. Dimes y diretes.

pág. 191

3.

—*¿Qué le pasa a la cámara?*
+*Que se ha desajustado el balance de blancos automático.*
—*¿Quieres hablar en cristiano? No me entero.*
+*Pues que el ajuste del color no está bien.*
—*¡Vaya por Dios! ¿Y cuánto me va a costar?*

---

* *Cómo acabamos ayer, ¿eh? Como el rosario de la aurora.*
—*Sí, la verdad es que al final se armó la de Dios es Cristo.*
+*Pero ¿qué pasó?*
—*Pues que empezó uno a protestar porque le habían pagado de menos y terminamos todos cortando el tráfico en la calle de al lado de la fábrica. Vino la policía y todo...*
+*¿Y el jefe, qué hizo?*
* *Nada, ése, cuando vio lo que iba a pasar, salió corriendo como alma que lleva el diablo.*

+*¡Qué suerte tienes! A las dos semanas de estar en la empresa ya asciendes. Desde luego, ha sido llegar y besar el santo.*
—*Oye, que no todo es cuestión de suerte. Lo que pasa es que los jefes han visto que yo hago las cosas como Dios manda.*
+*¿Y qué crees, que los demás lo hacemos todo a la buena de Dios? Aquí hay mucha gente que trabaja muy bien, pero es que a ti se te ha aparecido la Virgen.*
—*Mira, no me digas más tonterías, que ya me estoy cansando. En esta empresa la gente no tiene ninguna formación y a lo mejor trabaja mucho, sí, pero trabaja como Dios le da a entender, y la mayoría de las cosas que hacen no valen para nada.*
+*¿Sabes qué te digo? Que no sabes de la misa la media, y que más valdría que te callaras y dejaras de criticar el trabajo de los demás. Aquí todos sabemos por qué te han ascendido tan rápido, y si tú no lo sabes, pregúntaselo a tu mujer.*

+*Oye, pero... ¿quieres terminar de contármelo o no?*
* *No te molestes. A éste, de vez en cuando, se le va el santo al cielo y ya no se da cuenta ni de que le estás hablando. ¡Sabe Dios en qué estará pensando!*
—*¿Qué? ¿Qué decíais?*
* *Nada, hombre, le estaba contando a éste lo poco despistado que eres.*

VI. A tu aire.

pág. 192

1. Son verdaderos: A, D, E, G, I, J.

I. ¿Tú qué crees?

pág. 194

Quizá sea conveniente indicar a los estudiantes, después de la lectura de estos textos, que el tipo de educación que éstos reflejan se puede dar por desaparecido en España. Pero los hemos elegido porque quizá los estudiantes tengan recuerdos de su infancia parecidos en algunos aspectos a éstos.

II. Con textos.

1. Cómo ser un buen invitado.

pág. 196

> **A.** (a) *unas sencillas flores, unos bombones o una botella de buen vino*; (b) *más cerca del plato*; (c) *no molestar al comensal de al lado*; (d) *política, sexo, fútbol, religión, enfermedades, y nunca sobre años y edades*; (e) *haga usted lo mismo*; (f) *dejar lo menos posible en el plato*; (g) *acudir a una úlcera de estómago o a una fatal alergia*; (h) *pedirlo con educación para que se lo acerquen*; (i) *mantenerlo mientras están tomando de él*; (j) *los comensales más cercanos*; (k) *al principio o a los postres*; (l) *escuchar.*
>
> **B.** el resto de los mortales = *los demás.*
> cualquier hijo de vecino = *todo el mundo.*
> echarse en saco roto = *ignorar, despreciar.*
> hacer de tripas corazón = *hacer un esfuerzo, resignarse.*
> como el que no quiere la cosa = *aparentando no darle importancia.*
> por los cuatro costados = *por todas partes.*
>
> **C.** Son positivas: *privilegio, destacar, don.* Las demás son negativas.

2. Y ahora, ¿qué hacemos con los niños?

pág. 197

Casi al principio del texto aparece la palabra *cobrar* en el sentido familiar de *pegar. Vas a cobrar* viene a decir *Te voy a pegar.* Como se ve, cambia el sujeto. Con *cobrar*, es la persona que va a ser golpeada; con *pegar*, el que golpea.

Hay referencias al barrio de *Vallecas,* que es un conocido barrio del sur de Madrid, mayoritariamente habitado por gentes de la clase trabajadora.

> **B.** Los verbos, por este orden, son: *chilla, continúa, añade, termina, explica, admite, razona, reconoce, agrega, declara, afirma, opina.*
>
> **C.** En el texto algunas personas que hablan anteponen el mantenimiento económico de la familia al ocio de los hijos. Opinan que las estudiantes que cuidan niños resultan muy caras y se reconoce que se abusa de los abuelos. En cuanto a los cursos de verano, son una solución práctica que puede ser útil si está bien estudiada.

E. Estados de ánimo: *alterada, indignada, animosa.*
Clases sociales: *franja, capa, entorno.*

F. **1.** a) *merendero,* b) *con retintín;* **2.** a) *volando,* b) *bártulos,* c) *rendidos;*
3. a) *cursillo,* b) *hacerse cargo de,* c) *se da mucho;* **4.** a) *servicio;* **5.** a)
cúmulo, b) *chapuzas;* **6.** a) *empaquetarlo;* **7.** a) *menudos,* b) *no quitan
el sueño,* c) *cobra fuerza,* d) *convicción.*

3. El juguete bélico.

pág. 200

B. Texto A: 1, 3, 5, 7, 9.
Texto B: 2, 4, 6, 8.

C. **a.** *ingenuo - escamotear;* **b.** *sutil;* **c.** *descargar - profusamente;* **d.** *encauzar - pernicioso/dañino.*

III. Palabra por palabra.

pág. 202

1. A pesar de la agrupación siguen existiendo diferencias entre algunos adjetivos que están incluidos en el mismo grupo (por ejemplo, no es exactamente lo mismo *refinado* que *correcto*). Sin embargo, en esta primera actividad es mejor limitarse a las grandes diferencias, y posteriormente, en las dos actividades siguientes, será el momento de matizar.

Amable con las mujeres	De modales excesivamente educados	De buenos modales
– caballeroso		– refinado
– galante	– afectado	– cortés
	– ceremonioso	– fino
Natural		– correcto
		– atento
– campechano		– educado
– llano	**De malos modales**	**De comportamiento irrespetuoso**
	– ordinario	
Con desconocimiento de las normas	– vulgar	– grosero
	– zafio	– descortés
– tosco	– basto	– mal educado

2. La asignación de uno u otro término dependerá en alguna ocasión de factores culturales e incluso personales, del modo en que se conciban los modales. Por tanto, presentamos aquí unas claves orientativas que responderían a la percepción más usual de estos comportamientos por parte de los hablantes educados de nuestra lengua:

a. vulgar, ordinario, mal educado; **b.** galante, caballeroso; **c.** mal educado, descortés; **d.** tosco; **e.** vulgar, ordinario, grosero, basto, zafio; **f.** atento, educado, cortés; **g.** campechano, llano; **h.** mal educado, descortés.

IV. ¡Lo que hay que oír!

pág. 203

2. La letra de la canción es ésta:

A menudo los hijos se nos parecen,
así nos dan la primera satisfacción;
esos que se menean con nuestros gestos,
echando mano a cuanto hay a su alrededor.

Esos locos bajitos que se incorporan
con los ojos abiertos de par en par,
sin respeto al horario ni a las costumbres
y a los que, por su bien, hay que domesticar.

Niño, deja ya de joder con la pelota.
Niño, que eso no se dice,
que eso no se hace, que eso no se toca.

Cargan con nuestros dioses y nuestro idioma,
nuestros rencores y nuestro porvenir.
Por eso nos parece que son de goma
y que les bastan nuestros cuentos para dormir.

Nos empeñamos en dirigir sus vidas
sin saber el oficio y sin vocación.
Les vamos transmitiendo nuestras frustraciones
con la leche templada y en cada canción.

Niño, deja ya de joder con la pelota.
Niño, que eso no se dice,
que eso no se hace, que eso no se toca.

Nada ni nadie puede impedir que sufran,
que las agujas avancen en el reloj,
que decidan por ellos, que se equivoquen,
que crezcan y que un día nos digan adiós.

3. *satisfacción*: porque se parecen a nosotros, no porque sean ellos mismos.
domesticar.
deja ya de joder con la pelota.
eso no se dice, eso no se hace, eso no se toca.
cargar.
son de goma: se puede hacer con ellos lo que se quiera.
les bastan nuestros cuentos para dormir.
nos empeñamos en dirigir sus vidas.
les vamos transmitiendo nuestras frustraciones.

V. Materia prima.

1. Obligaciones

pág. 204

Aunque en la mayoría de los casos las formas de cada una de las columnas son intercambiables, hay algunas diferencias de matiz:

a. TENER QUE / DEBER: Con *deber* expresamos obligación personal, moral, de cumplir la acción. Con *tener que*, se expresa obligación impuesta o necesidad ineludible de realizar la acción; esta obligación puede venir realmente impuesta desde fuera o ser expresada así por el hablante, para de este modo atribuir a algo exterior lo que es obligación o necesidad personal.

b. *Debía / tenía que + infinitivo*, cuando se refieren al pasado (columnas A y B), pueden expresar que la acción se ha cumplido o no según el contexto. Sin más especificaciones tienen un significado ambiguo.

c. El verbo *deber* en imperfecto de indicativo o subjuntivo y condicional expresa deseo de cumplir (sin infinitivo compuesto) o de haber cumplido (con infinitivo compuesto) la acción. Estas tres formas son intercambiables.

d. Con *Tendría que + infinitivo* y *tenía que + infinitivo* se expresa la obligación de realizar una acción, pero que probablemente no se realizará.

e. *Tendré que + infinitivo* añade a la idea de obligación la de resignación (naturalmente, siempre en las primeras personas).

f. En algunos casos *tener que* puede tener valor de conjetura o probabilidad más que de obligación. Una circunstancia o situación hace suponer que la acción puede suceder o cumplirse, aunque no es seguro. En estos casos *tener que* equivale a *deber de*:

> *Por lo que me has contado, tuvo que ser terrible.*

Aunque no se exprese la circunstancia o situación, *tener que* posee este valor también si aparece con infinitivo compuesto en cualquier tiempo salvo en imperfecto de indicativo (este caso expresa acción no cumplida):

> *Tiene que haber llegado ya.* (probabilidad)
> *Tenía que haber llegado ya.* (no ha llegado).

Hay que insistir en que el objetivo de los cuadros y actividades es que los estudiantes sepan entender, más que usar, las diversas formas presentadas.

A. a. Todas las formas de la columna **C**; b. Tuve que decírselo, debía decírselo, tenía que decírselo; c. Todas las de **B**; d. Todas las de **C**; e. Todas las de **C**; f. Todas las de **B**; g. Todas las de **B**; h. Todas las de **C**.

B. 1. - g; 2. - j; 3. - a; 4. - e; 5. - b; 6. - i; 7. - c; 8. - f; 9. - h; 10. - d.

2. Mandatos.
pág. 205

A. Entre los diferentes grupos de construcciones imperativas se pueden establecer diferencias:

a. ¿TE QUIERES CALLAR?, ¿TE VAS A CALLAR? y ¿(NO) TE PUEDES CALLAR? son formas de ordenar más o menos neutras. Contienen cierto grado de ironía, pero no tan alto como las del grupo siguiente.

b. HAZ EL FAVOR DE CALLARTE y ¿(ME) QUIERE HACER EL FAVOR DE CALLARSE?, son fórmulas que, en principio, tienen valor de cortesía. Sin embargo, en muchos casos van acompañadas de una fuerte intención irónica, de falsa cortesía, sobre todo cuando la entonación no es de mandato sino de amenaza.

c. El grupo formado por ¡A CALLAR!, ¡AHORA MISMO TE CALLAS! y ¡YA TE ESTÁS CALLANDO! es el de las formas de mandato más intimidatorias. En la construcción ¡A + infinitivo! no suelen aparecer los verbos: *ir, venir, marchar, bajar, subir.*

d. La construcción ¡QUE TE CALLES! es la que se utiliza cuando se tiene que repetir un mandato después de haberlo expresado ya normalmente con imperativo (ejercicio 5). Si la entonación es exclamativa y el tono de voz amenazador, puede tener el mismo valor intimidatorio que las construcciones del apartado c).

B.

ORIENTATIVA

a. (1) *Haz el favor de bajarte*; (2) *que te bajes*; (3) *¡Ya te estás bajando! / ¡Ahora mismo te bajas!* **b.** (1) *¿Puede bajar (el volumen de) la radio?*; (2) *¿(Me) quiere hacer el favor de bajar la radio?*; (3) *¡Ahora mismo baja la radio! / ¡Ya está bajando la radio!* **c.** (1) *¡A comer!*; (2) *¿No puedes esperar...?*; (3) *¿Quieres venir a comer ya?*; (4) *Que te esperes*; **d.** (1) *¿Quiere hacer el favor de callarse?*; (2) *Haga el favor de callarse*; (3) *Ahora mismo se marcha.../Ya se está marchando...*; (4) *¡Que se marche!*; **e.** (1) *¡Que avises al jefe!*; (2) *¡Que llames al jefe de ingenieros!*; (3) *¡Que me mandes un equipo de reparación!*; (4) *¡Que lo dejes!*

VI. Dimes y diretes.

pág. 206

1. a. - 5; b. - 13; c. - 10; d. - 9; e. - 2; f. - 8; g. - 1; h. - 14; i. - 4; j. 12; k. - 6; l. - 11; ll. - 7; m. - 3.

2. Los eufemismos utilizados son: *pasó a mejor vida* por «murió»; *defunción* por «muerte»; *perdida* por «prostituta»; *una de esas enfermedades* por «una enfermedad venérea»; *en estado* por «embarazada»; *disminuido psíquico* por «anormal, subnormal»; *mujer pública* por «prostituta»; *empleada del hogar* por «asistenta»; *casa de reposo* por «manicomio»; *en estado de embriaguez* por «borracho»; *residencia de la tercera edad* por «asilo».

VII. A tu aire.

1. Problemas con ciertos platos.

pág. 208

Ofrecemos aquí las palabras del texto original, pero muchos de los nombres de comida que previamente hayan dicho los alumnos serían válidos también, siempre que sea cierto que esos platos se deben comer así.

(a) *langostas*; (b) *gambas*; (c) *cangrejos*; (d) *ostras*; (e) *mejillones*; (f) *almejas*; (g) *tortilla*; (h) *tortilla*; (i) *tartas*; (j) *consomé*; (k) *espárragos*; (l) *alcachofas*; (ll) *alcachofa*; (m) *pasta*; (n) *espaguetis*; (ñ) *manzanas*; (o) *peras*; (p) *melocotones*; (q) *cerezas*; (r) *uvas*; (s) *melón*; (t) *plátano*; (u) *palosanto*; (v) *guayaba*; (x) *aguacate*.

1.	b)	28.	c)
2.	a)	29.	b)
3.	d)	30.	d)
4.	b)	31.	b)
5.	c)	32.	a)
6.	b)	33.	c)
7.	b)	34.	a)
8.	a)	35.	a)
9.	a)	36.	a)
10.	b)	37.	c)
11.	b)	38.	b), c), d)
12.	a)	39.	a)
13.	c)	40.	d)
14.	b)	41.	c)
15.	a)	42.	a)
16.	c)	43.	b)
17.	d)	44.	b)
18.	a)	45.	c)
19.	b)	46.	a) *para*
20.	c)		b) *por*
21.	a)		c) *por*
22.	c)		d) —
23.	d)		e) *para*
24.	a)	47.	1: *mestizaje, problema.*
25.	d)		2: *virtud, solución, serie.*
26.	c)		3: *frente, capital, cólera.*
27.	b)		

II. Con textos. pág. 214

1. «Viva la televisión» y «La televisión produce violencia...»

B.

> a. **F**; b. **V**; c. **F**; d. **F**; e. **V**; f. **V**; g. **V**.

C. Algunas de las expresiones presentan en este texto ligeras variantes respecto de su uso normal; incluimos aquí la forma más corriente:

> a) *caerse de la burra*; b) *una pasta gansa*; c) *medir las palabras* (de uno mismo; por ejemplo, «mide tus palabras»); d) *echarse a la cara* (normalmente un tanto despectivo); e) *en redondo* (siempre usado con «negarse»); f) *pedir peras al olmo*; g) *subir el listón*.

D.

> a) *16*; b) *14 (dos menos)*; c) *entre 3 y 10 años*; d) *más*; e) *menos comunicación familiar, más violencia verbal y física, tienen pesadillas, son más pasivos, imitan lo que ven, hacen más caso a los anuncios, piden lo que ven anunciado*; f) *el Graduado Escolar*; g) *no (es inversamente proporcional al nivel de estudios de los padres)*.

pág. 217

E. El único verbo correcto para este uso es *ver*. También en el texto **Viva la televisión** el autor utiliza la expresión incorrecta *mirar los concursos*.

> Es incorrecto decir: *contemplación de la televisión, contemplar la televisión, observadores de televisión, observar la televisión* y *prestar atención al televisor.*
>
> **F.** a) *observar*; b) *contemplar*; c) *prestar atención.*

G.

a) *registrado*; b) *manifiestan*; c) *establecer*; d) *lanzar*; e) *cursar*.

H. Hay más argumentos implícitos:

ORIENTATIVA

ARGUMENTOS A FAVOR:

— Los concursos hacen que el espectador se identifique con el concursante.
— Maire Messeguer sostiene que los niños aprenden con la televisión.
— A veces las series televisivas hacen que la gente lea el libro en el que está basado el guión.
— La televisión genera literatura que habla de la propia televisión (como estos artículos).
— La televisión soluciona el ocio de muchas personas.

ARGUMENTOS EN CONTRA:

— Los intelectuales se han dado cuenta de que la televisión no tiene ningún valor cultural ni educativo.
— Los concursos ya ni siquiera tienen una excusa cultural.
— La televisión produce violencia, pesadillas, pasividad, conductas imitativas, malos hábitos de consumo; reduce la comunicación familiar; produce trastornos intelectuales y psicológicos en los ancianos y refuerza la demencia senil.

2. «Ficción» y «Teletexto» pág. 218

B. Escucha la radio al despertarse y en el coche (probablemente de camino al trabajo). Le sirve para volver a conectar con lo que dejó pendiente el día anterior. También la escucha por la noche, al acostarse, para oír el último informativo. Complementa toda esta información con periódicos, revistas semanales y televisión (ve dos noticiarios).

C. El teletexto. Es un servicio de información que aparece en la pantalla del televisor. Se pueden elegir las noticias que se quieren leer y éstas se van actualizando continuamente. Ahora el autor puede recibir noticias permanentemente.

D. a. **F** *(no tiene precio = es muy valioso)*; b. **V** *(se puede «seguir el pulso al mundo»)*; c. **F** *(esta posibilidad hace «subir la temperatura del agobio»)*.

E. Se repite la idea de que saber lo que le pasa al mundo le hace al autor olvidarse de su propia vida. En el primer texto es un precio que hay que pagar por estar informado. En el segundo, el autor utiliza los medios de comunicación para olvidarse de sus problemas.

102

1. (a) *manifestando, declarando, confesando*; (b) *declaró, aclaró, indicó*; (c) *indicó, afirmó, declaró, señaló*; (d) *indicó*; (e) *manifestó, indicó, confesó, señaló*.

2. (a) *negó*; (b) *explicó, comentó, especificó, apostilló, reconoció*; (c) *insinuó, sugirió, comentó*; (d) *afirmó, aseguró, explicó*; (e) *explicó, afirmó, comentó*; (f) *contó*; (g) *comentó*.

(1) *había empezado a engordar*; (2) *no existía ese problema*; (3) *una intensa vida social*; (4) *gran persona*.

B. (a) *está la frontera entre lo privado y lo público*; (b) *abuso de la libertad de prensa*; (c) *de prensa*; (d) *autorregulación*; (e) *la autorregulación*; (f) *interesante para el bien común*; (g) *la libertad de expresión*; (h) *difamación*.

C. a. *delimitar la frontera entre lo privado y lo público*; b. *expresiva de las libertades - poder expresarse libremente*; c. *esté obligada ética y profesionalmente a seguir normas de respeto a las cuestiones privadas*.

D. Las dos primeras son cuestiones estrictamente privadas. La última es una cuestión privada que afecta al bien común y, por tanto, debería ser publicada.

TRANSCRIPCIÓN DE LA GRABACIÓN

LUIS MARIÑAS. ¿Dónde está lo privado y dónde lo público? Es decir, ¿cuál es el límite, Juancho Armas Marcelo, para informar sobre asuntos públicos?

J.A.M. Pues, Luis, a mi modo de ver, hay dos asuntos a debatir en este..., en este tipo y en todo tipo de noticias: uno reside en saber dónde está exactamente en cada caso la frontera de lo privado y lo público, sobre todo cuando se trata de personalidades públicas, y aunque se hable de su vida privada, y dos, cómo solventar el problema de los posibles abusos de la prensa, que es sin duda un riesgo cotidiano y un abuso de la libertad. Diferenciar lo privado de lo público es precisamente una de las condiciones que Albert Camus señala como base de una democracia, y desde luego de una prensa en países democráticos. Pero no es fácil, nada fácil, regular por ley a la prensa, y muy difícil llegar a la propia autorregulación. Una ley de prensa, a mí me lo parece, siempre es mala, de modo que la mejor ley de prensa, ya lo hemos dicho aquí muchas veces, es la que no existe.

L.M. Y existe..., y existe la posibilidad aquí de que se introduzca en el nuevo Código Penal español un delito como el de difamación, lo que en principio parece un castigo a la clase periodística. De todas formas, Juancho, ¿habría que encontrar una fórmula para evitar posibles abusos?

J.A.M. Hombre, lo ideal, lo democráticamente civilizado es, sin duda, la autorregulación; que sea la propia prensa, los propios medios informativos quienes vengan obligados deontológica y profesionalmente a regir los criterios por los que el respeto a las cuestiones privadas debe ser algo sagrado. Muy bien, ¿y cuando esa privacidad, no lascivamente, no precisamente de una manera morbosa, es interesante para el llamado bien común? Pues ahí está la vaina, como dicen en mi tierra*. Repárese en que, declarándome convencido de la autorregulación, he de confesar también mi rechazo a figuras que ahora quieren tipificarse como delictivas en el nuevo Código Penal, porque me parecen un menoscabo terrible contra... contra la libertad de expresión, que es la más expresiva de las libertades en un sistema, el democrático, que consiste, entre otras cosas, en saber y poder expresarse libremente.

(Fragmento del noticiario «Entre hoy y mañana», emitido por Tele5 en España)

* La expresión «ahí está la vaina» para decir «ahí está la cuestión, el asunto» se utiliza, entre otros lugares, en Canarias, de donde procede este periodista.

V. Materia prima.

pág. 222

1. a. *Es decir...*; b. *Con respecto a...*; c. *En conclusión...*; d. *Por otro lado...*; e. *Por el contrario...*; f. *No obstante...*; g. *De todos modos...*; h. *En mi opinión...*

2. ⓐ Por otro lado; ⓑ No obstante; ⓒ Por el contrario; ⓓ De todos modos; ⓔ Es más; ⓕ Con todo; ⓖ Es decir; ⓗ En cuanto a; ⓘ Dicho de otro modo; ⓙ Sin embargo; ⓚ En resumen.

VI. Dimes y diretes.

pág. 225

ORIENTATIVA

① *He leído que los países pobres dicen que el tratado del clima es papel mojado.*
② *¿Te has enterado de que los fiscales se han negado a encarcelar a los manifestantes?*
③ *¿Te has enterado de que el presidente del Gobierno no va a dar la recepción oficial porque está muy ocupado?*
④ *He leído que han detenido a cinco policías porque parece ser que han torturado a alguien.*
⑤ *Me he enterado de que el Ministerio de Transportes piensa cobrar peaje por ir por las autovías nuevas.*
⑥ *¿Sabes que seguramente Francisco Domínguez será el próximo primer ministro?*
⑦ *¿Te has enterado de que han operado otra vez a Daniel Hernández, el cantante?*
⑧ *He leído que los francotiradores disparan a todos los que salen a buscar comida.*

VII.   A tu aire.

1.   Un concurso.

pág. 226

Los nombres de los concursos que proponemos son reales, y se emiten o se han emitido por televisión en España.

Si se dispone de una cámara de vídeo, este es un buen momento para utilizarla. Una vez que los alumnos han hecho la labor del guión e, incluso, ensayado el concurso, se puede grabar su actuación, que en cursos posteriores puede servir de ejemplo o estímulo para otros grupos.

2.   Una rueda de prensa.

pág. 226

A.

ORIENTATIVA

— *¿Cómo valora usted su actuación en Chavón?*
— *¿A qué se debió que no acudiera tanto público como se esperaba?*
— *¿A qué se ha debido que no actuara usted en la capital, como hubiera sido lógico? ¿Hubo algún problema?*
— *¿Cuántos conciertos da al año? ¿No son demasiados? ¿Qué hace con el dinero que gana en ellos?*
— *¿Cómo es actualmente su vida sentimental?*
— *¿Por qué no se casa? ¿Tiene algo en contra del matrimonio?*
— *¿Cuántas veces hace el amor al día?*
— *¿Le han reprochado alguna vez que su voz no tenga un gran volumen?*
— *¿Cómo es su relación con sus hijos?*

B.   Una vez que los estudiantes hayan escrito sus preguntas, el profesor pedirá un voluntario o escogerá directamente a un estudiante para representar el papel del personaje escogido por toda la clase. A continuación dará comienzo una rueda de prensa; todos los estudiantes serán periodistas, harán las preguntas que tienen escritas y tomarán notas de preguntas y respuestas para poder elaborar después una crónica de la entrevista que entregarán al profesor. Esta actividad escrita servirá para revisar y consolidar las formas del estilo indirecto y los diversos verbos de lengua introductores de estilo indirecto que se han estudiado en la unidad.

UNIDAD 15
TANTO TIENES...

II. Con textos.

pág. 229

1. Decálogo del buen consumidor.

C. El orden de importancia es subjetivo.

> **D.** a. *en función de*; b. *bueno será que*; c. *apúntese un 10*; d. *desordenada*; e. *se ha disparado*; f. *gangas*; g. *entregarse* (habría una pequeña transformación: *darse* **el** *placer*, pero *entregarse* **al** *placer*); h. *grata*; i. *alguna que otra* (todo delante del sustantivo).

2. Ser como ellos.

pág. 230

> **A.** a. *tendido*; b. *razón de ser*; c. *ensañarse*; d. *prepotencia*; e. *una caricatura*; f. *la voracidad*; g. *un talismán*; h. *suero*; i. *un dique*; j. *desmantelar*; k. *artículos suntuarios*; l. *desamparado*; ll. *impune - mudarse*; m. *remordimientos*.
>
> **B.** La respuesta es **no**. Los países menos desarrollados no pueden convertirse en países del Primer Mundo porque ni la economía ni el propio planeta lo resistirían. Unos pocos pueden derrochar porque otros tienen niveles de consumo bajísimos.
>
> **C.** El autor opina que el primer dicho es cierto, y que el mundo se rige por los otros dos.
> *Ser es tener* equivale al refrán «Tanto tienes, tanto vales», que da título a esta unidad.
>
> **D.** a. **F**; b. **V**; c. **F**; d. **V**; e. **V**; f. **F**; g. **F**; h. **F**; i. **V**.

3. Negocios de andar por casa.

pág. 235

> **B.** a. *La empresa se dedica a pasear perros ajenos.*
> b. *Es un señor que se ofrece a hacer cualquier cosa de la que uno no pueda ocuparse personalmente.*
> c. *Teresa García es una consejera sentimental.*

C. El texto original es el siguiente:

> Lo de Carmen Quintana es la acupuntura electrónica. Con ella, asegura, consigue curar el tabaquismo, quitar una depresión o aliviar el estrés o la ciática. Antes de decidirse a dejar la oficina donde había trabajado durante 23 años realizó un cursillo sobre la práctica de la acupuntura y leyó algunos libros.
>
> Ahora, cuando un cliente llega a su consulta, lo primero que hace es «chequear su energía», comprobar si tiene exceso o defecto para conseguir el equilibrio. Retirarse del tabaco cuesta 8.000 pesetas y, según Carmen, «basta una sola sesión» para dejar el vicio. Si la adicción es tan fuerte que requiere mayor tratamiento se negocian precios especiales. El último adicto al humo que se rehabilitó a base de acupuntura fue un señor de más de 70 años.
>
> Cuando la acupuntura no basta acompaña la terapia de masajes con flores de bach (extractos de rosa, alhelí, mimosa y orégano). También utiliza minerales con fines terapéuticos, «sobre todo el cuarzo, que es muy bueno para la angustia o la depresión». Descubrió su utilidad un día que se encontraba completamente tirada en su casa: «Tenía una piedra en la mano y la apoyé sobre la garganta hasta que empecé a sentirme bien».
>
> La oficina de Adolfo y su hermano es menos sofisticada: un teléfono y un apartado de correos son sus armas de trabajo. Ambos sobreviven de tomar mensajes telefónicos para terceras personas y seleccionar las cartas que reciben sus cerca de 200 abonados. A esta empresa familiar, que funciona desde hace dos años, recurren lo mismo fontaneros que chicos que buscan novia y necesitan un número telefónico donde recibir recados sobre posibles citas. El alquiler del teléfono cuesta 4.000 pesetas mensuales frente a las 1.000 que vale disponer de un apartado de Correos.

D. a. *proliferan*; b. *campo*; c. *ideados*; d. *panfletos*; e. *honorarios*; f. *chapurrear*; g. *recadero*; h. *yonqui* (ésta es una palabra jergal, utilizada sobre todo en el mundo de la droga).

III. Palabra por palabra.

1. Por el interés te quiero, Andrés. pág. 237

Lo ideal para esta actividad es formar grupos de tres personas, cada una de las cuales recibirá uno de los siguientes bloques de información. No obstante, pueden hacerse grupos de cuatro, dentro de los cuales dos miembros tendrán la misma información. Haga fotocopias de estas hojas en número suficiente para que cada miembro de la clase tenga una. Cada estudiante debe, primeramente, leer su tarjeta atentamente, y consultar cualquier duda al profesor antes de comenzar la discusión.

La diferencia entre «tarjeta de crédito» y «de rédito» es una diferencia técnica: con la primera se puede obtener más dinero del que se tiene en la cuenta, hasta un cierto límite; con la segunda, solamente se pueden obtener reintegros por el valor del dinero que se posee en la cuenta. Sin embargo, cuando se habla normalmente de estas tarjetas, se usa solamente el término «tarjeta» o «tarjeta de crédito», sin hacer distinción.

Los porcentajes de interés indicados en las tarjetas pueden cambiar, pero lo importante es la relación gradual entre ellos, que no suele cambiar.

CUENTA CORRIENTE
— Bajos intereses (0,5 %) — Domiciliación de nómina y recibos — Disponibilidad absoluta en cualquier momento — Talonario de cheques — Posibilidad de hacer transferencias — Tarjeta de crédito y de rédito

CARTILLA DE AHORROS
— Interés medio (4 % - 7 %) — Domiciliación de nómina y recibos — Disponibilidad absoluta en cualquier momento — Posibilidad de hacer transferencias — Tarjeta de rédito

IMPOSICIÓN A PLAZO FIJO
— Altos intereses (11 %) — No se puede disponer del dinero hasta que no termina el plazo — No pueden efectuarse operaciones durante el plazo fijado — No pueden domiciliarse pagos ni ingresos

2. **Cajero automático.**

pág. 238

a) **3**; b) **7**; c) **5**; d) **2**; e) **6**; f) **1**.

IV. ¡Lo que hay que oír!

pág. 240

A. Los *oreros* son los buscadores de oro. En el mapa puede verse el símbolo **Au.**

B. a. *Porque allí hay especies únicas*; b. *20 gramos*; c. *Del oro que encuentran*; d. *Cuando encuentran arenilla de oro, siguen su pista hasta encontrar oro más grueso*; e. *De ser peleones, de beber alcohol y gustarles las juergas*; f. *El entrevistado dice que hay algunos, pero que no todos son así*; g. *Con el Banco Nacional, y a veces con la cooperativa UniOro*; h. *Según el precio que tiene el oro en Londres.*

C. Podrían servirle las palabras *fugitivo* y *forajido.*

TRANSCRIPCIÓN DE LA GRABACIÓN

Locutor: Elías Rodríguez (español).
Entrevistado: Alfredo Vargas Segura (costarricense).

Cerca de 42.000 hectáreas impenetrables de una cerrada selva muy rica en oro forman el parque nacional del Corcovado. Sólo una pequeña pista de aterrizaje en medio de la jungla, a orillas de la difícil costa de Salsipuedes, llamada así por sus corrientes y tormentas, permite el acceso a los biólogos de todo el mundo, que vienen aquí a estudiar raras especies únicas. Por un difícil camino de montaña llegamos hasta los oreros.

— Don Alfredo Vargas Segura, ¿qué hace usted aquí?
+ Yo aquí trabajo oreando. Yo tengo de trabajar aquí, en este río Rincón, desde 1978.
— ¿Cuál es la pepita más grande que ha encontrado usted?
+ La más grande que he encontrado ha sido de veinte gramos.
— ¿Qué hizo con ella?
+ La vendí.
— ¿Y cuánt..., cada cuántos días se encuentran pepitas?
+ Eso es variable, eso no es de todos los días ni de cada rato. Una pepita, nosotros los oreros artesanales, la venimos a encontrar..., bueno, es variable, puede ser cada quince días, cada mes, a veces cada año, cada seis meses...
— ¿Y ustedes viven con lo que sacan del oro?
+ Sí, señor.
— ¿Y cómo viven si no encuentran una pepita nunca?
+ Si..., bueno, es que por lo general se encuentra oro menudo; todo el tiempo algo aparece, aunque sea menudo, y uno, cuando comienza a trabajar, va siguiendo una ley; la ley que nosotros llamamos es cuando vamos encontrando purrujitas; en la cateadora van quedando las purrujitas y uno dice «aquí va la ley», hasta llegar a encontrar oro más grueso, y hasta llegar a encontrar pepitas.
— ¿Y están mont..., son una cooperativa ahora o cómo están montados?
+ Sí, nosotros formamos ahora, bueno, hay varias cooperativas aquí ya, en este..., en esta península. Por el momento tenemos, digamos, en primer lugar, está UniOro, que ha trabajado bastante, y le ha ido muy bien. Después está CopePalma, está CopeOsa y CopeCostaRica. Nosotros formamos un grupo, porque yo soy, yo pertenezco al Sindicato de Oreros de la Península de Osa, afiliado a la Federación Sindical Agraria Nazonal... Nacional y a la Confederación de Trabajadores Democráticos Costarricenses, la CCTD.
— ¿Les va mejor en cooperativa que individuales?
+ Eh..., sí, claro que sí, ahora nosotros, a nivel de sindicatos, un grupo de los sindicalizados formamos, estamos for..., llevamos..., estamos llevando a cabo una asociación, ésta no es cooperativa, sino asociación; en este momento está dando... se están dando los trámites de inscripción, tanto en el Registro... en el Registro Nacional como en el Ministerio de Trabajo.
— ¿La gente del oro es buena gente? Porque tienen ustedes fama de ser muy peleones y de andar siempre con el vino, las mujeres, etc., ¿no?
+ Por ejemplo, en el trabajo aurífico se encuentra de todo: se encuentran lo que se llama... digamos... este, de esos que se escapan de la ley, que se salen de

las cárceles, ¿verdad?, máximo en estos son sitios muy apropiados. Yo no sé si eso que le llaman positivos o fositivos, ¿cómo es? Algo así, ¿verdad?

– Total, que se llevan ustedes bastante bien.

+ Nosotros, este..., sí, yo por ejemplo, en los años que he tenido de trabajar en el oro he estado donde se vende licor; no digo que tal vez no me he tomado una cerveza o unos tragos, pero no he tenido problemas absolutamente con ningún orero.

– O sea, ¿que el oro no se lo gastan en vino, mujeres y juerga?

+ No, bueno, yo de mi parte no. Algunos se dedican a eso, ¿eh? Sacan el orito nada más que para tomar, porque ya están alcoholizados, son gente que ya creemos que solamente con... al tener un tratamiento médico muy especial le podrán quitar ya ese... ese vicio de tomar licor.

– El oro que encuentran, ¿a quién se lo venden?

+ Nosotros... pues... todo, todo el oro que yo he sacado, y ahora que estamos en la asociación, se lo vendemos al Banco Central.

– ¿Y cómo les paga?

+ Bueno, este... en esta semana pasada tenía un precio de novecientos... novecientos ochenta y cinco colones.

– O sea, ¿les pagan el gramo según esté en el mercado?

+ Según esté en el mercado en Londres, porque eso en Londres lo pagan en dólares, entonces aquí lo reducen a colones.

– ¿Y cada semana cambia el precio, entonces?

+ Cada... bueno, por... por casi... por lo general todas las semanas cambia el precio, pero no es mucho lo que varía. Ahora, si nosotros aquí tenemos una urgencia de una plata, digamos en la asociación, ¿verdad?, tenemos necesidad de alguna platita para comprar una alimentación o algo, entonces se lo vendemos a UniOro, a la cooperativa UniOro, que lo paga igual que el banco, y es para el banco también.

(Fragmento del programa «Costa Rica», de la serie «La otra mirada», emitido por TVE2 en España)

V. Materia prima.

pág. 241

1. Ⓐ c; Ⓑ g; Ⓒ j; Ⓓ b; Ⓔ d; Ⓕ i; Ⓖ f; Ⓗ e; Ⓘ a; Ⓙ h.

VI. Dimes y diretes.

pág. 243

(1) *retraen*; (2) *enfría*; (3) *disparan*; (4) *combatir, reducir*; (5) *reducir, combatir*; (6) *atrayendo, captando*; (7) *congela, recorta, reajusta*; (8) *flexibiliza*; (9) *reducir, reajustar*; (10) *moderen, congelen*; (11) *fusionan*; (12) *regenerar*.

VII.   A tu aire.

pág. 244

La actividad que proponemos en este apartado es una simulación. Si la clase es numerosa, lo ideal es que se divida en varios grupos que trabajarán simultánea e independientemente. Es importante que los grupos estén formados por un número impar de miembros para garantizar que no haya empate en las votaciones. Los personajes que se pueden suprimir más fácilmente, si los números no coinciden, son el contable y uno de los empleados.

Es preferible que el trabajo de estudiar los documentos se haga en casa, antes de la simulación de la reunión.

Conviene fijar un plazo de tiempo para la reunión, dentro del cual deben tomarse todas las decisiones. Es también conveniente que el profesor tenga preparadas cuestiones para el turno de ruegos y preguntas por si algún grupo termina antes de tiempo.

El profesor puede pedir al final un trabajo escrito, como la respuesta a la Asociación de Consumidores, o cualquier otro que sea necesario en relación con las decisiones tomadas en el Consejo.

UNIDAD 16
A DIOS ROGANDO...

I. ¿Tú qué crees?

pág. 248

Aunque aparecen dos textos en este apartado, se trata de hacer una lectura extensiva para comenzar el tema y no de aprender nuevo vocabulario. Para allanar el camino y no tener que detenerse en estos detalles, quizá sea bueno que previamente el profesor escriba en la pizarra o aclare el significado de algunos términos, como *mesada* o *sancocho*.

La palabra *romito*, que aparece al final del texto sobre la República Dominicana, es un diminutivo de *ron*.

II. Con textos.

1. ¿A qué se dedican?

pág. 249

> **A**: arqueólogo; **B**: periodista (prensa sensacionalista); **C**: pintor; **D**: abogado.

3. Los empresarios los prefieren jóvenes y con poca experiencia

pág. 251

Haga notar a los alumnos, si es necesario, que *resabiao* refleja la pronunciación coloquial de *resabiado*.

> **B.** El empleado ideal debe tener las siguientes características:
>
> — Mejor hombre que mujer. (No se da razón explícita.)
> — Alrededor de 26 años. (Descuentos en las cotizaciones a la Seguridad Social y menos problemas laborales.)
> — Experiencia laboral de unos dos años. (Para poderles dar formación propia.)
> — Carné de conducir. (Puede ser útil en caso de apuro. Movilidad.)
> — Vehículo propio. (Movilidad.)
> — Residencia cercana al trabajo. (Menos problemas de horario.)
> — Buena presencia y complexión fuerte. (Para la primera no hay razón explícita. Que sean fuertes hace suponer mayor resistencia física.)
> — Titulación mínima para el trabajo en cuestión. (Evitar que cambien a un trabajo más cualificado en otra empresa.)

— Dedicación exclusiva. (Se espera total disponibilidad.)
— Personalidad: responsable, ordenado y con facilidad para trabajar en equipo. (No se dan razones explícitas.)

C. *Soldador, tornero y matricero.*
No es importante que aprendan estas tres palabras como vocabulario activo. Son las demás las que importan.

D. 1. — 2 ó 3 años de experiencia.
— Características subjetivas: facilidad de relación, simpatía, dotes de organización y flexibilidad.
— Edad: 25-35.

2. — Residencia en Barcelona (lugar de trabajo).
— Características subjetivas: persona activa, responsable, con gran capacidad de trabajo, interesada en las relaciones humanas.
— Titulación no imprescindible.
— Experiencia no imprescindible.
— Vehículo propio.
— Edad: 25-35.
— Buena presencia.
— Formación a cargo de la empresa.

3. — Residencia en el lugar de trabajo.
— Formación general (no titulación específica).
— Características subjetivas: elevado grado de tenacidad.
— Dedicación plena y exclusiva.
— Vehículo propio.

4. — Buena presencia.
— Nivel cultural mínimo.
— Posesión de vehículo.
— Experiencia no imprescindible.
— Formación a cargo de la empresa.

III. Palabra por palabra.

pág. 255

1. Con esta actividad por parejas se persiguen varios objetivos, fundamentalmente dos: el que es propio de esta sección (aprendizaje de vocabulario) y la lectura de texto de diccionario. Teniendo en cuenta que en este nivel debe ser ya frecuente el uso del diccionario no bilingüe, ha de acostumbrarse al estudiante a encontrar las claves precisas para entender el vocablo en las definiciones, a veces confusas, farragosas o demasiado técnicas, de los diccionarios del español. Por eso no es necesario que el estudiante entienda todas las palabras de las definiciones que damos. Por otro lado, se practica la definición de términos concretos mediante la descripción exacta del objeto, habilidad totalmente necesaria en el campo de la técnica y la ciencia, sobre todo.

El profesor deberá asegurarse de que los estudiantes lean detalladamente y entiendan las instrucciones antes de comenzar, así como de que sigan los tres consejos que al principio se les dan.

1. **Persona A:** a. *martillo*; b. *tornillo*; c. *brocha*; d. *tuerca*; e. *pala*.
   Persona B: a. *hacha*; b. *tenazas*; c. *taladrador*; d. *sierra*; e. *alicates*.

2.

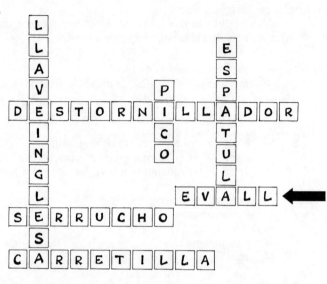

IV.   ¡Lo que hay que oír!

pág. 257

1. **A.** a. *3 millones*; b. *5 horas*; c. *casi una hora*; d. *1 hora y 6 minutos*;
   e. *18 minutos*; f. *hora y media*; g. *6 minutos*; h. *30 minutos*;
   i. *6 minutos*; j. *Uno de cada cinco*.

   B. De los cuatro encuestados que hablan sobre el tema, las tres mujeres coinciden con la encuesta, y el hombre no.

2. **B.** a. *Tiene dudas sobre si la mujer que trabaja fuera es más feliz por dos razones: si el trabajo no le gusta, sufre tanto como el hombre, y hay amas de casa que llenan su vida con otras actividades que no son el trabajo y pueden ser felices.*
   Para A. A. el trabajo no es lo único en la vida, solamente una liberación económica, aunque reconoce que estar liberado económicamente es muy importante.
   Cree que sí existen amas de casa que tienen vocación de esclavas y no saben o no quieren salir de su mundo, y ésas sí son más desgraciadas que las que trabajan.
   b. *El machismo y la siesta.*
   c. *La siesta se ha perdido bastante. Ahora sólo son pequeñas cabezadas, mientras que antes la gente se iba a la cama y era más larga.*

114

TRANSCRIPCIÓN DE LA GRABACIÓN

1. Noticia.

LUIS MARIÑAS. Las mujeres españolas siguen soportando hoy en día casi toda la carga de la casa, incluso si trabajan fuera del hogar. La mujer trabajadora emplea cerca de cinco horas diarias al mantenimiento del hogar, mientras que los hombres apenas contribuyen con una hora de su tiempo. Éstos son los datos completos de un estudio de Sigma 2 para este informativo.

ENRIQUE R. OBRERO. Unos 3 millones de mujeres casadas de nuestro país piden un empleo. Al llegar a casa, tras la jornada laboral, para la mayoría de estas mujeres comienza una segunda jornada: el trabajo doméstico. Se estima que cuando en un matrimonio los dos cónyuges trabajan, la esposa emplea cerca de cinco horas diarias a las tareas del hogar, mientras que el marido apenas dedica una hora.

PRIMER ENCUESTADO. No hace nada, no hace nada. Hay que dárselo todo hecho.

SEGUNDO ENCUESTADO. Se ve... No hay nada más que darse una vuelta. Se ve a los hombres cómo llevan los cochecitos con los niños, y en casa, pues ayudan exactamente igual.

TERCER ENCUESTADO. Y aunque te ayude..., bueno, eh... un 90 por ciento están más en el sillón.

MATILDE VÁZQUEZ (Instituto de la Mujer). Es absolutamente imprescindible que haya un buen reparto de responsabilidades en el hogar para que las mujeres tengan mejores condiciones para esa incorporación laboral, y para que puedan desarrollar su trabajo en condiciones mejores.

ENRIQUE R. OBRERO. La mujer trabajadora suele emplear una media de una hora y seis minutos diarios en preparar la comida, mientras que su esposo sólo dedica 18 minutos al día. En la limpieza de la casa, los hombres aportan 6 minutos; la mujer, cerca de hora y media diaria. En la limpieza de la ropa, las mujeres, 30 minutos; los hombres, 6 minutos. También en la compra de la comida o en el cuidado de los niños, las mujeres trabajadoras emplean más tiempo que sus esposos.

LUCÍA VILLEGAS (Departamento de la Mujer de la Unión General de Trabajadores). Yo creo que está bastante arraigado en la sociedad, incluso en muchas mujeres, el pensar que ellas van a hacer una aportación familiar de complemento de lo que son las necesidades familiares, y el sustento principal lo tiene que aportar el hombre, el salario principal.

CUARTO ENCUESTADO. Mi marido en el hogar nada. Poner chismes a..., a manta..., poner chismes a manta, y dormir en el sofá, y trabajar sus horas de trabajo, pero luego en casa nada, y yo tengo que estar ayudándole a él en el taller, trabajando en casa, atender a mis hijos, y la tienda. ¿Quiere más?

ENRIQUE R. OBRERO. Según el Instituto de la Mujer, uno de cada cinco hombres casados con una mujer empleada no dedica nada de su tiempo a las tareas del hogar.»

2. Comentario de la noticia.

pág. 258

LUIS MARIÑAS. Son las estadísticas, que siguen demostrando, Andrés Aberasturi, que el nuestro es un país que no termina por cambiar.

ANDRÉS ABERASTURI. Cambian las cosas que teníamos buenas, pero siguen las malas. Yo creo que los dos grandes problemas que encuentro para Maastricht son la siesta y el machismo, mucho más que los problemas económicos. La siesta la hemos perdido ya prácticamente. Hombre, existen las cabezadas, pero la siesta siesta, la de pijama, orinal y beso a los niños, ésa sólo ya es un recuerdo. ¿Y cómo converger, o convergir, que también se dice, con nadie si seguimos convencidos de que el sitio de la mujer es la cocina y con la pata quebrada? No se puede, no hay forma. Aquí se admite ya que trabaje una señora un poco, ¿no? Pero, ¿que gane más que yo? Bueno, eso ni soñarlo. ¡Hasta ahí podíamos llegar! Si se empeña en ayudar a la casa o traer el único sueldo porque yo estoy en paro, psss, pero que no se crea que por eso voy a hacer yo las camas... Y así, claro, no hay manera.

L. M. Y, sin embargo, Andrés, la mujer que trabaja fuera es más feliz que la que no lo hace y lo hace sólo en casa.

A. A. Abrigo serias dudas. Yo dejaría en el congelador esta teoría, ¿eh?, en el congelador de las dudas. La mujer que trabaja en algo que le gusta, pues puede que sea más feliz. La que tenga un trabajo aburrido, monótono o a un jefe perfectamente imbécil, que los hay (y no va por ti, Luis Mariñas), a ésa se la llevan los diablos, como les ocurre a los hombres, como ocurre a cualquier trabajador. El trabajo no es más que una liberación económica (no es más y no es menos, ¿eh?, que es importante), pero no es lo único, y hay amas de casa con vocación de esclavas, que las hay, y otras que llenan su tiempo con un montón de actividades. Generalizar a mí me parece siempre malo, y por eso nunca he terminado de creer al pie de la letra que 9 de cada 10 estrellas usaran la misma marca de jabón.

(Fragmento de «Entre hoy y mañana», emitido por Tele5 en España en noviembre de 1992)

V. Materia prima.

pág. 258

1. Si se cree necesario revisar o insistir en las estructuras condicionales, se puede utilizar también la historia de la unidad **9** (**A tu aire, 1**), muy apropiada para ello porque hay muchos sucesos condicionados entre sí.

A. a. **V**; b. **V**; c. **F**; d. Puede ser verdadero o falso, pues nadie puede conocer las intenciones de Juan Oliveras en un hipotético futuro; e. **V**; f. **F**; g. **F**; h. **V**; i. **V**.

2. El esquema presentado es necesariamente una simplificación. El problema del uso de **a** ante complemento directo en español es muy complicado y responde a una sutil casuística. Es fácil que puedan surgir contraejemplos a los casos que hemos presentado. Así, en el caso de los verbos del grupo **B** es posible alternar el uso de la preposición cuando el complemento directo es genérico o parece determinado por **un** o un numeral: *El ejército ha*

116

reclutado (a) *mucha gente*; *Reclutaron sólo* (a) *cuatro voluntarios*; *Reclutaron* (a) *un vecino*. De todos modos, lo importante es que los estudiantes aprendan en qué casos es necesario que aparezca la preposición y no cuándo es opcional.

Si, en principio, parece que los alumnos no tienen muchos problemas en este tema, puede comenzarse directamente la primera actividad. Tras esto, si se ve que es necesario, puede hacerse la segunda actividad, acompañada de explicaciones gramaticales.

Actividad

pág. 260

A.
1. En los tres casos.
2. En los tres casos.
3. Con b) y c).
4. En los tres casos.
5. Con b) y c).
6. Con b).
7. Con a)
   [aunque también
   podría aparecer
   sin a) y con b)].
8. Con b).
9. Con b) y c).
10. En los tres casos.
11. Con a)
    [aunque podría
    aparecer sin a) y con b)].
12. Con a) y b).

B.
1. Debe incluirse en **B**.
2. En **B**.
3. En **C**a).
4. En **B**.
5. En **C**a).
6. En **C**b).
7. En **C**b).
8. En **C**b) y **C**c).
9. En **C**b) y **C**c).
10. En **A**.
11. En **C**b).
12. En **B**.

VI. Dimes y diretes.

pág. 261

1. **1.** a); **2.** b); **3.** c); **4.** c); **5.** a); **6.** b); **7.** c); **8.** a); **9.** c).

2. 1: *trabajador.*
2: *haragán, holgazán.*
3: *haragán, holgazán.*
4: *trabajador.*
5: *haragán, holgazán, parásito.*
6: *trabajador.*
7: *concienzudo, meticuloso.*
8: *haragán, holgazán, parásito.*
9: *trabajador.*

VII. A tu aire.

pág. 262

1. La asignación de los nombres de los compañeros a cada estudiante puede hacerse por sorteo (cogiendo cada uno un papel con un nombre, sin que los demás lo vean), o bien el profesor puede llevarlo pensado de antemano, teniendo en cuenta qué estudiantes se conocen mejor.

El profesor insistirá en que los datos que se utilicen para confeccionar el anuncio deben corresponder a la realidad actual del compañero que les ha sido asignado.

2. Lo que proponemos son tres breves juegos de *rol* por parejas. El profesor puede copiar las tarjetas de las tres situaciones y darlas a cada pareja numerándolas por detrás (situación 1, 2 y 3). Una persona de la pareja siempre será **A** y la otra **B**, sin que cada una pueda leer la tarjeta de la otra. Al dar todas las tarjetas al mismo tiempo, se permite que cada pareja trabaje a su ritmo. El profesor puede preparar alguna otra situación si prevé que alguna pareja puede terminar antes que las otras.

SITUACIÓN 1

A	B
Acudes a una entrevista contestando a este anuncio: PERSONA ACTIVA *Interesada en el mundo de la cinematografía* *Buena presencia y fuerte complexión*	Buscas a alguien que haga de doble del actor principal de «Tiburón 10», que se rodará con animales reales. Después de haber hecho 50 entrevistas sin éxito, has publicado este anuncio para que los candidatos no se asusten: PERSONA ACTIVA *Interesada en el mundo de la cinematografía* *Buena presencia y fuerte complexión* Una persona acude a una estrevista contigo.

SITUACIÓN 2

A	B
Eres el representante sindical de tu fábrica. Los trabajadores se van a poner en huelga porque han despedido a un compañero para darle su trabajo al hijo del dueño. Ves en un pasillo a un compañero nuevo con el que no has hablado nunca. Quieres informarle y convencerlo de la necesidad de hacer huelga. Empieza tú a hablar.	Eres el hijo del dueño de una fábrica. Acabas de terminar tu carrera y tu padre te ha buscado un trabajo en su empresa. Hoy es tu primer día de trabajo y estás deseando conocer a tus compañeros. Ves a uno de ellos que se acerca por el pasillo.

SITUACIÓN 3

A	B
Eres el director de una importante empresa. Estás en una reunión con varios directivos de otras empresas. Tu secretario/a viene porque lo has llamado. Vas a pedirle que os traiga café.	Eres secretario/a del director de una importante empresa. Has estado seis años estudiando secretariado internacional y estás harto de que no se te valore como profesional. Sobre todo te niegas a hacer de camarero. Tu jefe, que está en una reunión, te llama y te dice que vayas.

I. ¿Tú qué crees?

pág. 263

Es mejor que el trabajo de este apartado se haga en grupo, para que surjan más ideas. Se trata de comparar la vida en el campo, la vida en la gran ciudad y algo intermedio: la vida en la periferia de la ciudad, en urbanizaciones cercanas al campo.

Todas las ideas se pondrán después en común.

II. Con textos.

1. La gran ciudad, la ciudad pequeña.

pág. 265

A. a. *Ángel, una hora; Julián, dos minutos.*
b. *Sí.*
c. *Los dos se aburren igualmente.*

B. **a.** 2; **b.** 1; **c.** 2; **d.** 3; **e.** 2.

C. **Carmen**; a, c, d, f, h, k, l, m, o.
Eva: b, e, g, i, j, ll, n, ñ, p.

D. El texto original del artículo es el siguiente:

Los funcionarios

No es el caso de Carmen. Ella no tiene tiempo de aburrirse. Cada mañana salta de la cama alrededor de las siete. Si mira por la ventana de la sala, se da de bruces con un edificio de siete plantas. Durante los 45 minutos largos que le lleva acercarse hasta las dependencias del Ministerio de Asuntos Sociales, Carmen Torralbo, de 35 años, madrileña, empieza a cabrearse. En unos días llegará el recibo del alquiler de la casa: 90.000 pesetas, a las que hay que sumar gastos de luz, agua, teléfono y gas. En total, el sueldo íntegro de su marido.

Tiene plus de productividad y trabaja por la tarde. De vuelta a casa lo normal es que el atasco sea mayor, pero estos días ni siquiera se lleva el coche. Vive cerca de la plaza de toros de Las Ventas y hay corridas, lo que supone que no hay aparcamiento posible. Ya en el barrio, hace unas compras antes de subir al pisito.

Luego sigue el trabajo: la cena y preparar una oposición. Nunca se acuesta antes de las doce. «Constantemente me planteo el cambio de ciudad.»

Una compañera y amiga suya, Eva Giménez, madrileña de hasta tres generaciones, ya se trasladó. Lo decidió después de unas vacaciones de verano. Conseguir el cambio fue fácil. Ella y su familia llevan 17 meses en Oviedo.

No es que en la capital asturiana sea todo más barato, pero desde la ventana de su despacho Eva divisa la cima del Naranco. Cuando sale a las tres, tiene tiempo para el ocio. «Me dedico a mis hijos, de 11 y 8 años», dice, «monto en bicicleta, cocino...».

No tarda más de 15 minutos en llegar a la puerta del adosado de su propiedad, situado en pleno campo (a seis kilómetros de Oviedo). Ha olvidado lo que es el estrés. A veces echa de menos Madrid, pero no por sus cines (...) o sus teatros. Tiene «mono» del ruido de las sirenas. Cuando se siente así, vuelve a «casa» a pasar un fin de semana.

2. La ciudad de México: La fatalidad elegida.

pág. 268

A. No se trata en esta actividad de conseguir una información profunda, sino de obtener una idea general sobre la ciudad. Si los estudiantes no disponen de material en español para consultar, pueden buscarlo en su lengua materna.

B. a. *virreinato*; b. *sojuzgada*; c. *retentivos*; d. *anomia*; e. *masificación*; f. *desmesura*; g. *apretujamiento*; h. *capitalinos*; i. *citadina*; j. *arraigo*.

C. **a.** *sojuzgado*; b. *masificación*; c. *virreinato*; d. *retentivos*; e. *desmesura*; f. *arraigo*; g. *citadino*; h. *apretujamiento*; i. *capitalinos*; j. *anomia*.

D. Todas las razones enumeradas son reales. Las que se nombran en el texto son: a, b, d, e, f, g.

E. a. *...una megalópolis que, sin duda, ha tocado su techo histórico...* (l. 3)
b. *...los admirables vestigios del México prehispánico, las iglesias del virreinato, las muestras del arte neoclásico y la arquitectura contemporánea, por lo común un desafío a la más intensa capacidad de adulación.* (l. 28)
c. *El caos es también propuesta estética...* (l. 37)
d. *...la ciudad popular proyecta la vehemencia formal de las multitudes...* (l. 39)
e. *En el origen del fenómeno, el centralismo, la suprema concentración de poderes que es monopolio de ofrecimientos a costo altísimo...* (l. 50)
f. *...el anhelo de individualización extrema que acompaña a la anomia...* (l. 60)

3. Las campanas de la discordia.

pág. 271

A. En el texto se funden las expresiones *no le duelen prendas* y *no escatima esfuerzos* en la frase *no escatima prendas*, lo que no es habitual. También se dice *sigue firme con su idea*, pero lo normal es decir *sigue firme en...*

a. *ha pasado mucho*; b. *no le duelen prendas*; c. *a primera vista*; d. *con uñas y dientes*; e. *no escatima esfuerzos*; f. *dar un par de voces*; g. *parco en palabras*; h. *sigue firme en su idea.*

B. a. *reza*; b. *se remonta a*; c. *aducir*; d. *acudir*; e. *supone*; f. *califica de.*

C. a. *Es fuerte de carácter y valiente.*
b. *Los vecinos la admiran por su valor.*
c. *Tiene problemas de aislamiento, soledad, para acudir al médico y comprar lo necesario.*
d. *Las campanas podrían servir para avisar a los pueblos vecinos en caso de emergencia.*

D. Decidieron abandonar la gran ciudad e irse a vivir y trabajar al campo.

E. *ganado - ganadería* (cría de ganado).
dormir - dormitar (dormir sin echarse en la cama, y no profundamente).
distancia - distar (estar a una distancia de X km).
humo - humear (echar humo).
tender - tendedero (cuerdas o zona para colgar la ropa a secar).
canas - canoso (que tiene muchas canas).

F. **CUADRA**: *caballo, burro, mula.*
PAJAR: *paja* (también puede haber paja en los demás sitios)
ESTABLO: *vaca, buey.*
CORRAL: *cerdo, gallina, pavo, pollo* (aunque el lugar específico para los cerdos se llama *pocilga*).

III.   Palabra por palabra.

pág. 274

Los términos utilizados son los de uso más corriente en España. El profesor puede adaptar el ejercicio antes de hacerlo, si considera necesario sustituirlos por otros que interesen más a los estudiantes (porque se utilizan más en la zona donde van a usar el español).

Este ejercicio puede servir de ejemplo de cómo se puede dar un rodeo para explicar una palabra que no se conoce. Para reforzar esta idea, en clases monolingües, se puede hacer una traducción inversa en la que los alumnos definan las palabras que no sepan en lugar de usar diccionarios; en clases multilingües se puede hacer algo semejante con dibujos de objetos cuyos nombres los alumnos desconozcan.

Sectores: *barrios.*
Conjuntos de centros de transformación: *polígonos industriales.*
Centros de expansión y producción de oxígeno: *zonas verdes.*
Figuras geométricas: *bloques.*
Edificios para el ejercicio físico: *polideportivos.*
Centros de seguridad: *comisarías de policía.*
Centros contra el fuego: *parques de bomberos.*
Isla: *manzana / cuadra.*
Comunidades multiestructurales: *urbanizaciones.*
Sector de circulación a pie: *zona peatonal.*

Vía para vehículos: *calzada*.
Sustancia negra: *asfalto*.
Vía para la circulación a pie: *acera*.
Tomas de agua: *bocas de riego*.
Puntos de cruce: *pasos de cebra*.
Red de túneles: *alcantarillas*.
Presidente de la ciudad: *alcalde*.
Ministros de la ciudad: *concejales*.
Casa principal de la ciudad: *ayuntamiento*.

IV. ¡Lo que hay que oír!

pág. 276

TRANSCRIPCIÓN DE LA GRABACIÓN

ROSA MARÍA MATEO. El de la vivienda es uno de los problemas más serios en la sociedad de hoy, pero no lo es menos, si bien de carácter distinto, el de la soledad, un problema que afecta a todo tipo de personas y que tiene mayor incidencia en las grandes ciudades. Las relaciones sociales requieren, sobre todo, tiempo, y eso es precisamente lo que más escasea. Para tratar de solucionar ese aislamiento, acaba de nacer en España un nuevo modelo de club social que pretende ser el puente que una a los solitarios.

ÁNGELES BRAVO. Millones de personas y siempre con prisas. El ritmo acelerado de las grandes ciudades apenas deja tiempo para escuchar.

PRIMER ENCUESTADO. La gente va deprisa, no te escucha, no te oye, y desde luego, o sea, pasamos todos totalmente de todos.

SEGUNDO ENCUESTADO. Cuanto* más gente hay pues más se puede uno relacionar, aunque la vida se lleve muy deprisa, eso no tiene nada que ver.

TERCER ENCUESTADO. Me siento muy solito aquí.

A. B. La soledad también pasea por las grandes urbes, donde cada vez son más las personas que viven solas, y no siempre por decisión propia.

FERMÍN BOUZAS (Catedrático de Sociología de la Universidad Complutense de Madrid). Hemos roto esos vínculos comunitarios con las familias, con los allegados, y hemos pasado a lugares donde nadie nos conoce y donde estamos forzados a asociarnos con los demás pero por cuestiones puramente de interés: pues para defender un puesto de trabajo, para defender mi dinero...

A. B. Y para facilitar las relaciones humanas, se ha creado en España un modelo nuevo de club social. No es una agencia matrimonial. El centro reúne a personas de alto nivel económico, muy ocupadas y cultas, pero eso sí, sin pareja, que puedan encontrar, mediante viajes, actividades culturales y tertulias organizadas, lo que buscan.

CLIENTE DEL CLUB SOCIAL. Lo que busco es nuevas amistades. Lo que busco es ensanchar el mundo que actualmente tengo, que es bastante estrecho y circunscrito exclusivamente a... el tema profesional.

122

SEGUNDO CLIENTE DEL CLUB SOCIAL. Cada uno vamos a nuestro trabajo, a nuestro...* casa y la gente hoy en día ya no se relaciona en la calle.

A. B. La ciudad, con todas sus posibilidades y con todas sus gentes, es sin embargo un desierto para quienes se sienten solos.

(Fragmento del «Telediario» de mediodía emitido en España por TVE-1)

* Falta de concordancia, relativamente frecuente en la lengua hablada, por pensar primero en el concepto y después en la palabra y su género.

---

6. La información de la grabación es la siguiente:

Motivos para la soledad en las ciudades:

— Todo el mundo va deprisa y no hay tiempo para relacionarse.
— La gente va a lo suyo y no se ocupa de los demás.
— Se han roto los lazos familiares.
— Nadie se conoce.
— Las personas se asocian sólo por intereses económicos o profesionales.
— La gente no se relaciona en la calle, sólo en el trabajo o en casa.

Actividades del club:

Viajes, actividades culturales y tertulias:

Características de los socios:

— Personas sin pareja, de alto nivel económico, muy ocupadas y cultas.

V. Materia prima.

pág. 276

---

1. A. de: En este caso, lo contrario de *salir de* sería *entrar en*; si lo contrario fuera *llegar a*, se utilizaría **desde** (*Fue directamente desde casa al aeropuerto.*)
B. desde: Se señala un lugar como punto de partida de una acción (*ver*) en una dirección.
C. Igual que **B**.
D. de: No se señala el punto de origen de una acción, sino que se identifica al emisor, en este caso, de la llamada.
E. Igual que **D.**; en este caso, se identifica al emisor del escrito.
F. desde: Se señala lugar del que parte la acción.
G. de/desde, aunque en este caso lo más frecuente sería **de**, pues parece que sólo se quiere expresar punto de salida; con **desde** se enfatizaría la distancia al destacar *Madrid* como un lugar que se supone lejano.
H. de / desde: El uso de **desde** en este contexto enfatiza la distancia que hay de un lugar a otro y sería más frecuente, aunque cabe utilizar también de.
I. de: Es una locución con **de**, como: **de ahora en adelante**, **de aquí para allá**, etc.

123

J. de: En este tipo de correlaciones con **a** pueden usarse **de** o **desde**, aunque sólo se puede utilizar **de** cuando los sustantivos no llevan determinante.

K. de / desde.

L. de / desde.

LL. desde: Se señala punto en el tiempo a partir del cual se desarrolla una acción que llega hasta nosotros.

M. de: Igual que en **J**.

N. de: **de** + sustantivo + **que** es una fórmula enfática equivalente a *Tengo tanta hambre que...*

Ñ. de / desde.

O. de: Igual que en **I**.

P. de: *de toda la vida* es una expresión que significa que se conoce a alguien desde hace mucho tiempo y profundamente.

Q. Igual que en **N.**: **de** + **lo** + adjetivo es una fórmula enfática del mismo tipo, equivalente en este caso a *Es tan distraído que...*

R. de / desde: con **desde** se enfatizaría la lejanía en el tiempo.

S. de / desde. Aquí, de introduce un complemento temporal: se habla del período de tiempo concreto (*la infancia*) en el que se conoció a alguien; con **desde** señalamos el punto temporal del que parte una acción que llega o afecta al sujeto hasta el presente de la narración (como, por ejemplo, en **LL**), en este caso el *ser amigo desde* supone que aún se mantienen relaciones con esa persona.

T. desde: Igual que **LL**.

U. de: **de** + infinitivo es una construcción causal que equivale a *Porque ha comido mucho*; si estuviera en primer lugar tendría los mismos valores que las fórmulas de **N.** y **Q.**: *Ha comido tanto que se ha puesto enfermo*.

2. Las soluciones que damos se ajustan estrictamente tanto a la corrección gramatical como al contexto de cada frase (formal o informal). Esto no quiere decir que en el habla real no se utilicen nexos informales en contextos formales y viceversa.

A. a. (YA QUE / PUESTO QUE / COMO) *Luis no viene, podrías venir tú entonces.* **b.** *Nunca me ha gustado fumar* (PORQUE) *hace daño a la salud.* **C.** *Nunca le ha gustado fumar* (PORQUE / YA QUE) *no le he visto nunca encender un cigarrillo.* **d.** (DADO QUE / EN VISTA DE QUE / COMO QUIERA QUE) *no hay ninguna objeción, se aprueba la propuesta.* **e.** (DADO QUE / EN VISTA DE QUE / COMO QUIERA QUE) *el sujeto no se presentó ante el juez a la hora convenida, se enviaron dos agentes a buscarlo a su domicilio.* **f.** (PORQUE) *Luis no pueda venir, no vamos a dejar la excursión.* **g.** *Para mí es muy difícil y doloroso escribirle esta carta,* (PUES) *sé el aprecio que usted tenía a nuestro amigo.* **h.** *Tuve que invitar a cenar al director de la sucursal* (PORQUE) *no quería quedar mal con mi jefe.* **i.** (YA QUE / PUESTO QUE / COMO) *por tu propia iniciativa parece que no quieres hacerlo, te tendré que obligar.* **j.** *Nadie quiere ser su amigo* POR LO *informal* QUE *es.*

3. (A): a; (B): b; (C): a y b; (D): b; (E): a; (F): b; (G): b; (H): c; (I): a; (J): a; (K): b; (L): b (LL): a.

VI. Dimes y diretes.

pág. 279

2. a. *muy sucia o desordenada*; b. *muy rápidamente*; c. *muy terco*; d. *hay mucho ruido de gente que está hablando*; e. *ser distinto y no seguir las pautas establecidas por los demás, especialmente hablando de la propia familia*; f. *irse a dormir muy temprano*; g. *un asunto diferente*; h. *pedir lo imposible*; i. *volver a la normalidad después de un período de rebeldía*; j. *cada uno a su propia casa*; k. *las cosas no son tan fáciles como parecen*; l. *hacer que alguien cambie de opinión / cambiar de opinión*; ll. *engañar o seducir*; m. *la gente no cambia (se dice sobre todo de los malos hábitos o de cualidades negativas)*.

3. a. *pedir(le) peras al olmo*; b. *en menos que canta un gallo*; c. *me acuesto con las gallinas*; d. *hecha una cuadra*; e. *eres más terco que una mula*; f. *la oveja negra de la familia*; g. *volver al redil*; h. *apearlo del burro*; i. *Cada mochuelo a su olivo*; j. *no todo el monte es orégano - es harina de otro costal*; k. *la cabra siempre tira al monte*; l. *es / parece un gallinero*; ll. *llevarme / llevarnos al huerto*.

VII. A tu aire.

pág. 280

1. Joan Maragall era, efectivamente, alcalde de Barcelona cuando se escribió este texto.

2. El texto original de Miguel Delibes dice:

pág. 282

> ... Hay estadísticas. A mí, personalmente, no me sorprende. El semáforo desafía, azuza, y cualquier hombre, ante él, se impacienta, estudia la mejor manera de burlarlo sin aguardar. Aunque no tengamos prisa, el semáforo nos la inventa. Yo mismo, un hombre jubilado, tan pronto intuyo que la luz verde va a dar paso a la anaranjada, no lo puedo remediar, echo una carrerita. ¿Por qué? ¿Quién me requiere? ¿Quién me espera del otro lado de la luz? Nadie, por supuesto. Minuto más, minuto menos me da lo mismo, pero, de pronto, me asalta la fiebre competitiva y no puedo por menos de apresurarme. El semáforo, créeme, es el peor enemigo...

3. Puede resultar divertido hacer esta actividad en forma de concurso entre grupos. Ganará el grupo que más elementos tenga en la lista.

UNIDAD 18
QUIEN MAL ANDA...

I. ¿Tú qué crees?

pág. 283

Aunque existen algunos datos objetivos que son indiscutibles (por ejemplo, un coche en marcha contamina más que una persona fumando), no hay una única respuesta a esta actividad. Se trata solamente en este apartado de entrar en contacto con el tema y conocer las opiniones de los miembros de la clase.

II. Con textos.

1. Los derechos de los animales.

pág. 284

C. En la **Declaración** se establecen las siguientes clases de animales: los que pertenecen a una especie salvaje, los que tradicionalmente viven en el entorno del hombre, los animales de compañía, los animales de trabajo y los criados para la alimentación. A los animales salvajes y a los que tradicionalmente han vivido en el mismo medio que el hombre (pero no son de compañía, de trabajo ni utilizados para la alimentación humana) se les reconoce el derecho a la libertad; a los otros no. Matar a un gran número de animales salvajes se considera un crimen; matar al mismo número de animales de otras clases no lo es, o al menos no se habla de ello.

D. Todas infringen los artículos 1 y 2. Además, los siguientes:

a. 4; b. 6; c. 9, *si esas alteraciones producen en el animal ansiedad o dolor (en caso contrario no infringe ninguna norma)* y 5; d. 5; e. 8; f. 8; g. 10; h. 4 *y* 5 *(depende del tipo de pájaro)*; i. 5 *y, posiblemente en muchos casos,* 11; j. 4; k. 4; l. 13; ll. 5, 10 *y* 11; m. 10 *y* 4.

2. La guerra contra...

pág. 287

C. Causas del aumento del ruido: aumento del número de automóviles y aviones, aumento de las actividades de ocio que implican ruido (conciertos, discotecas, etc.), aumento de la densidad de población en las ciudades (y aumento, sobre todo, del número de aparatos emisores de ruido que la población tiene consigo) y determinadas modas (como la de utilizar motos lo más ruidosas posible).

Consecuencias para la salud:

Físicas: Riesgo de sordera parcial o total, úlceras y otras enfermedades del aparato digestivo, problemas respiratorios y vasculares, problemas de funcionamiento del sistema nervioso central y del sistema endocrino, afecciones de la vista y cambios en la composición de la sangre.
Psicológicas: Insomnio, ansiedad, irritabilidad.
Gastos que ocasiona: Tratamientos médicos, indemnizaciones, insonorización urbanística e industrial, pantallas acústicas en obras públicas.

E.   125: *moto de escape libre*; 120: *concierto de «rock»*; 115: *discoteca*; 110: *maquinaria industrial*; 100: *obras a 15 metros*; 95: *cortacésped*; 85: *tráfico intenso*; 70: *calle animada*; 60: *aire acondicionado*; 50: *nevera*.

F.   1. c; 2. d; 3. a; 4. e; 5. f; 6. b.

---

3. Aparentemente inocuo.

pág. 290

A. Los puertos deportivos se construyen haciendo desaparecer hábitats naturales, como las playas o acantilados, bajo el cemento. El *toner* utilizado en las máquinas fotocopiadoras contamina el ambiente, además de otros problemas que estos aparatos producen en la salud de quien los maneja. La cinta adhesiva no es reciclable, y en su elaboración se producen residuos contaminantes. Sobre los efectos de la fotografía trata el texto.

C. Las respuestas que el texto da a estas preguntas son:

a. Fundamentalmente, por la necesidad que el hombre siente de perdurar en el tiempo, necesidad que la industria fotográfica ha monopolizado mediante la publicidad.

b. — Al elaborar las películas se utilizan sustancias químicas peligrosas para quien las manipula.
— El proceso de revelado genera grandes residuos contaminantes que en su mayor parte van a parar a los desagües.
— Los embalajes de los productos generan grandes cantidades de basura.

c. — Seleccionar las fotografías.
— Sustituir las fotografías por dibujos u objetos del lugar que visitamos.
— No utilizar el «flash».
— Restringir el número de radiografías o eliminarlas acudiendo a otros métodos de diagnóstico.

D.   a. (4); b. (15); c. (8); d. (5); e. (10); f. (1); g. (2); h. (11); i. (16); j. (14).

E.   (1) descomu**nales**; (2) desvir**tuado**; (3) resi**duos**; (4) solu**ciones**; (5) des**agüe**; (6) ver**tidos**; (7) emba**lajes**; (8) despil**farro**; (9) hoja**lata**; (10) desper**dicios**; (11) fom**entada**; (12) pren**sada**; (13) mos**aico**; (14) sin**gular**; (15) noci**vidad**; (16) verte**deros**.

127

III. Palabra por palabra.

pág. 293

ahorrar energía: Controlar y reducir el *consumo*. Utilizar *bombillas de ahorro*. Instalar *placas solares*. *Aislar* la casa para evitar fugas de calor o frío. *Regular* los *termostatos* de acuerdo con las necesidades reales.

el coche: Hacer una *puesta a punto* con regularidad. Instalar un *catalizador*. Quitar la *baca* portaequipajes cuando no sea necesaria.

controlar la basura: Evitar comprar productos con excesivos *envoltorios*. Evitar los *vertidos* incontrolados. Tratar los *residuos* tóxicos o reciclarlos. Evitar los *vertederos* e *incineradoras* de basura sustituyéndolos por una *recogida selectiva* para su posterior *reciclaje*. Instalar *contenedores* de productos reciclables. Montar un *estercolero* propio para los productos orgánicos y utilizar los residuos como abono. No tirar productos tóxicos por los *desagües*.

ahorrar agua: Cerrar los *grifos* siempre que no se estén utilizando. Cuidar que los grifos no *goteen*. Regular la *cisterna* para que use menos agua o introducir objetos que disminuyan la capacidad del depósito. No *tirar de la cadena* a menos que sea totalmente necesario. *Depurar* y reutilizar las aguas que no se utilicen para la alimentación.

IV. ¡Lo que hay que oír!

pág. 294

B. Los cazadores y pastores trashumantes benefician a la naturaleza porque gracias a ellos se conserva, y la dañan con determinadas prácticas, como el uso de venenos o la muerte de animales salvajes. Los españoles no somos conservacionistas, sino bastante destructores. Según B. Varillas, no se trata de conservar sino de cuidar la naturaleza, porque dentro de poco nos quedaremos sin los recursos que son absolutamente necesarios para sobrevivir.

C. La primera palabra es la que aparece en la grabación; entre paréntesis se ofrecen alternativas que el estudiante podría utilizar en la primera parte de la actividad:

(1) *impacto* (balance); (2) *entorno* (territorio); (3) *venenos* (cepos, trampas); (4) *zorros* (lobos, osos, buitres); (5) *población*; (6) *lobos* (zorros); (7) *conservar*; (8) *sentimentalismo*; (9) *desarrollo sostenible*.

TRANSCRIPCIÓN DE LA GRABACIÓN

Es muy difícil de captar este concepto, pero son las mismas personas, es decir, que, si tenemos naturaleza es porque el uso del espacio que han hecho los ganaderos, los pastores, los cazadores, lo ha permitido, no porque hubiera ningún filósofo filosofando en algún «lao»*, no, no, es porque la gestión del territorio en este país, por las circunstancias que fuera, ha sido conservacionista, en contra de la voluntad de los propios españoles, que de conservacionistas tenemos bien poco. Entonces es ese sistema, que está ahí, y que está funcionando, el que permite que existan esos bosques, esas... esos animales, y esas mismas personas, pues cometen actos negativos en planteamientos que, bueno, desde un punto de vista técnico y tal, se pueden considerar «equivocados», y lo son además. Entonces, un cazador que mantiene veinte mil hectáreas, o un grupo de cazadores ¿no?, para dedicarse a su actividad cinegética, están conservando la naturaleza en el momento en que dedican ese espacio a un uso que es, llamamos «blando» ¿no?, no es un uso que modifique el entorno y lo destruya. Luego, si pone venenos para controlar a los zorros, está haciendo un impacto negativo, pero en la balanza el resultado final es que esa gestión de ese territorio es positiva para la naturaleza. Lo mismo ocurre con el resto de las actividades: la ganadería extensiva, pues el pastor que va con sus ovejas haciendo la trashumancia está contribuyendo a mantener todas las poblaciones de buitres, de carroñeros, de lobos, etc. Ese señor, sin embargo, ve un lobo y lo mata. Eso no quiere decir que él no sea el sustento de toda nuestra naturaleza ¿no?, o de gran parte.

Entonces, ésa es la... la cuestión que hay que analizar: ¿cómo planteamos el desarrollo de este país? Yo soy contrario a hablar de conservar la naturaleza; aquí no hay nada que conservar; no se puede congelar la imagen y pretender que el mundo no siga rodando; aquí lo que hay que buscar es un desarrollo que permita a la especie humana y a los demás seres vivos continuar en este planeta lo más posible, que algún día se acabará, desgraciadamente, porque se apague el sol o pase algo, pero de momento, en nuestros términos que son muy chiquitines, de espacio y de tiempo, nosotros debemos de intentar** transmitir a nuestras generaciones o a otros pueblos desfavorecidos una serie de recursos que son vitales para que sigamos viviendo. Aquí ya no se trata de sentimentalismos, de que si me gustan los pajaritos o me gusta pescar, no, no, aquí estamos hablando de que para que continúe funcionando la sociedad actual necesitamos que esos recursos no se destruyan. Y ésa es la madre y el meollo: nosotros necesitamos buscar un desarrollo sostenible, que es como se acuñó la expresión.

(Fragmento del programa «A todo Madrid», emitido por TeleMadrid en España)

* «Lao» refleja la pronunciación coloquial, muy extendida, de «lado».
** «Debemos de intentar» es un error por «debemos intentar». Es frecuente esta confusión en la lengua hablada.

V. Materia prima.

1. Ponte a estudiar.

pág. 295

En Hispanoamérica y en general en el español no peninsular se utilizan además otras perífrasis para indicar el comienzo de la acción. Las más usadas en el lenguaje coloquial son **coger a** + **infinitivo** y **agarrar a** + **infinitivo**:

Se agarró a llorar; cogió a insultarme.

Con menos uso o extensión geográfica existen: **arrastrarse a** + **infinitivo**; **largarse a** + **infinitivo**; **decir a** + **infinitivo** (en Venezuela, Colombia, Centroamérica y Santo Domingo); **dar a** + **infinitivo** (Bolivia); **pegar a** + **infinitivo** (Cuba e islas Canarias); **pegarse a** + **infinitivo** (Guatemala).

A. La diferencia principal es que **ponerse a** + **infinitivo** añade también un cierto matiz subjetivo de esfuerzo, voluntad:

> *Por fin se puso a escribir la novela*
> *No tengo intención de ponerme a estudiar ahora*

No es posible utilizar esta perífrasis en contextos en los que esa idea de intención o voluntad de realizar la acción no se quiera o pueda expresar:

> * *Ahora se pone a anochecer.*
> * *Se puso a recibir noticias.*

B. a. *me puse a estudiar*; b. *nos pusimos a correr*; d. *te pones a discutir*; f. *me he puesto a arreglar*; g. *me pondré a pensar*; h. *ponerte a hacer*; j. *me pongo a leer.*

C. estar por + **infinitivo** expresa acción que todavía no se ha producido, a veces añadiendo el matiz subjetivo de intención o voluntad de cumplirla. **estar para** + **infinitivo** expresa acción a punto de ocurrir, de algo que está listo y preparado para iniciarse. Su uso está casi restringido a *salir* y *llover*.

a, b, c; b, a, a; c, a, b.

2. Según vas leyendo.

pág. 296

A. a. no, pues partió **en cuanto** tuvo una tripulación; **b. no**, ya que esperó un mes y perdió las esperanzas de volver a encontrarla **según** iban pasando los días, poco a poco; **c. sí**, pues **a medida que** bajaban los botes al agua los marineros habían saltado a ellos; **d. no**, ya que **conforme** iban llegando los botes se colocaban alrededor de la ballena; **e. inmediatamente después**, **no bien** había llegado la última embarcación; **f. no**, ya que **en tanto que** dos de ellas recogían a los supervivientes, otras cuatro atacaron a la ballena; **g. no**, pues saltó sobre ellas **inmediatamente después**, **nada más** acercarse a ella las barcas.

B.

Simultaneidad de las acciones.	— *al mismo tiempo (que)* — *en tanto que*
Acciones que progresan paralelamente.	— *a medida que* — *conforme* + frecuentemente con **ir** + gerundio. — *según* + frecuentemente con **ir** + gerundio.
Acción previa, a la que inmediatamente sigue la acción principal	— *en cuanto* — *tan pronto como* — *nada más* + infinitivo. — *apenas... (cuando)* — *no bien... (cuando)*
Acción previa, a la que sigue la acción principal.	— *tras* + infinitivo.

VI. Dimes y diretes.

pág. 299

A.

> a. **4**; b. **5**; c. **2**; d. **7**; e. **8**; f. **1**; g. **6**; h. **3**.

B. Cuando los animales son femeninos, no se suelen utilizar estas construcciones (con el artículo indeterminado) aplicadas a mujeres, ya que resultaría ambiguo. Así, a una mujer no se le dice *eres una gallina*, pero sí *no seas gallina*. Esto es irrelevante si delante del nombre de animal aparece la palabra *como* (así, *estar como una cabra* se dice tanto de hombres como de mujeres).

> En general se usa **ser** con cualidades innatas, que no se pueden cambiar voluntariamente *(gallina, burro, cerdo, pato)* y **estar** con cualidades temporales, que pueden variar (toro, pez, cabra, vaca). Algunas expresiones con **ser** se pueden utilizar con **estar** para expresar un estado temporal: *«estar hecho un gallina»*, *«estar hecho un cerdo»*, *«estar burro»* (por supuesto, en este último caso debe desaparecer el artículo).
>
> Por otra parte, *«pato»* y *«burro»* son tan comunes que casi funcionan como un adjetivo normal: *«Estás más pato últimamente...»*, *«Estás de un burro...»*.
>
> a. *ser un cobarde*; b. *estar fuerte*; c. *ser un bruto*; d. *no saber nada de una materia en concreto* (estar pez *en algo*, por ejemplo, en matemáticas); e. *estar loco*; f. *ser sucio*; g. *ser un patoso, desmañado*; h. *estar gordo*.

C. a. *está como una vaca*; b. *está hecho un toro*; c. *seas burro*; d. *estoy pez*; e. *seas cerdo*; f. *está como una cabra*; g. *soy un pato*; h. *eres un gallina*.

D. *Ser un cerdo* puede significar que alguien actúa de mala fe y que se le considera despreciable. *Ser un burro* también significa ser un ignorante.

VII. A tu aire.

pág. 300

1. Hay dos tipos de preguntas: de verdadero o falso y de elección múltiple. Hay que jugar con dos equipos, por lo que, si su grupo es muy numeroso, el profesor puede proporcionar las preguntas y respuestas a otros miembros de la clase que harán la función, en principio encomendada al profesor, de leer las preguntas a los diferentes equipos. La respuesta correcta aparece al final de cada pregunta.

— A los españoles les preocupa tanto la conservación de la naturaleza como el paro.

V

— La naturaleza española supera la mitad de toda la de la Comunidad Europea en cantidad y calidad. **V**

— A España emigran en invierno muchas aves europeas. **V**

— El río más caudaloso del mundo es:
   a. *el Orinoco*
   b. *el Paraná*
   c. *el Amazonas* **c**

— ¿Cuántas especies vegetales exclusivas hay en España?
   a. *750*
   b. *1.300*
   c. *12* **b**

— España fue el primer país del mundo que tuvo una ley sobre parques naturales.

V (en .1916)

— ¿Cuál de estas ciudades es la menos habitable por sus índices de contaminación y desbordamiento demográfico?
   a. *Ciudad de México*
   b. *Madrid*
   c. *Buenos Aires.* **a**

— En España hay 100 árboles por cada español. **F**, hay 300.

— En El Salvador el 77% de las tierras está erosionado. **V**

— El mayor problema ecológico de España es:
   a. *la lluvia ácida*
   b. *los incendios forestales*
   c. *la tala de árboles* **b**

— Las centrales nucleares españolas nunca han tenido un accidente. **F**

— El Bosque Petrificado es un bosque fosilizado que está en:
   a. *Argentina*
   b. *Chile*
   c. *Perú* **a**

— En España se encuentra el único desierto de la Comunidad Europea.

V (en Almería)

— ¿Cuántos incendios forestales se registran al año en España?
    a. *100*
    b. *1.000*
    c. *15.000*   **c**

— El Titicaca (Bolivia y Perú) es el lago navegable más elevado y extenso del planeta. **V**

— España es el país del mundo que más agua per cápita consume.   **F** (es el tercero después de EE. UU. y Canadá)

— ¿Cuántas centrales nucleares hay en España?
    a. *2*
    b. *9*
    c. *23*   **b**

— La zona húmeda más extensa del planeta y con mayor concentración faunística de América está en:
    a. *el Parque Nacional de Tikal (Guatemala)*
    b. *la región del lago Titicaca (Bolivia y Perú)*
    c. *el Gran Pantanal (Brasil y Bolivia)*   **c**

— El Ebro (España) es el segundo río más contaminante del mar Mediterráneo.   **V**

— Hasta hace relativamente poco en España se producía caviar.   **V**

— La cascada más elevada de la Tierra está en Venezuela.   **V**

— En España hacer emisiones o vertidos contaminantes no es un delito.   **F**

— España tiene la mayor cantidad de bosques de la Comunidad Europea.   **F** (el primer país es Francia)

— En Colombia no hay ningún espacio natural protegido.   **F** (por ejemplo, el Parque Natural de la Sierra de Macarena)

— ¿Cuántas especies animales exclusivas hay en España?
    a. *50*
    b. *19*
    c. *150*   **a**

— ¿Cuántos ejemplares de oso pardo quedan en España?
    a. *10.000*
    b. *1.200*
    c. *9*   **c**

— El Parque Nacional de la Amistad, con la mayor diversidad biológica de Centroamérica, está en:
    a. *Panamá y Costa Rica*
    b. *Guatemala*
    c. *Honduras y El Salvador*   **a**

— ¿Cuántos parques nacionales hay en España?
    a. *10*
    b. *85*
    c. *3.*   **a**

— Charles Darwin llevó a cabo sus principales estudios sobre la evolución de las especies en Ecuador.   **V** (en las Islas Galápagos, que pertenecen a Ecuador)

— En el Caribe hay cumbres nevadas con glaciares.   **V** (en Colombia)

2. Aunque los textos están basados en hechos reales, los nombres de lugares no lo son, y algunos de los problemas han hallado ya solución gracias al esfuerzo de las asociaciones ecologistas. El profesor deberá advertirlo para que la carta de protesta que escriban los alumnos no sea enviada realmente.

3. Al trabajo en grupos puede seguir una sesión común, con toda la clase, donde se decidirán por votación, tras una pequeña discusión, los cinco asuntos más preocupantes sobre el tema. Si los estudiantes están motivados, el profesor puede incitarles a escribir una carta al organismo competente en materia medioambiental, primeramente en español, como tarea de clase o en casa, y después traducida al idioma que se hable en la zona y enviada por correo.

REPASO 4 (UNIDADES 14-18)

1.	b)	36.	b)
2.	b)	37.	b)
3.	d)	38.	a)
4.	a)	39.	d)
5.	a)	40.	c)
6.	c)	41.	a)
7.	b)	42.	d)
8.	a)	43.	a)
9.	c)	44.	c)
10.	b)	45.	d)
11.	a)	46.	a)
12.	c)	47.	b)
13.	a)	48.	c)
14.	V	49.	b)
15.	F	50.	c)
16.	b)	51.	a)
17.	c)	52.	b)
18.	b)	53.	c)
19.	d)	54.	b)
20.	b)	55.	c)
21.	a)	56.	a) *desde*; b) *de*; c) *desde*;
22.	c)		d) *de*; e) *desde*; f) *de*.
23.	a)	57.	b)
24.	a)	58.	b)
25.	c)	59.	a) ——; b) *de*; c) *de*; d) ——.
26.	c)	60.	a)
27.	a)	61.	c)
28.	b)	62.	b)
29.	a)	63.	a)
30.	d)	64.	c)
31.	c)	65.	a)
32.	d)	66.	b)
33.	b)	67.	c)
34.	c)	68.	a) ——; b) *a*; c) ——;
35.	d)		d) ——.